DANOS COLATERAIS

Obras de Zygmunt Bauman:

- 44 cartas do mundo líquido moderno
- Amor líquido
- Aprendendo a pensar com a sociologia
- A arte da vida
- Babel
- Bauman sobre Bauman
- Capitalismo parasitário
- Cegueira moral
- Comunidade
- Confiança e medo na cidade
- A cultura no mundo líquido moderno
- Danos colaterais
- O elogio da literatura
- Em busca da política
- Ensaios sobre o conceito de cultura
- Esboços de uma teoria da cultura
- Estado de crise
- Estranho familiar
- Estranhos à nossa porta
- A ética é possível num mundo de consumidores?
- Europa
- Globalização: as consequências humanas

- Identidade
- A individualidade numa época de incertezas
- Isto não é um diário
- Legisladores e intérpretes
- Mal líquido
- O mal-estar da pós-modernidade
- Medo líquido
- Modernidade e ambivalência
- Modernidade e Holocausto
- Modernidade líquida
- Nascidos em tempos líquidos
- Para que serve a sociologia?
- O retorno do pêndulo
- Retrotopia
- A riqueza de poucos beneficia todos nós?
- Sobre educação e juventude
- A sociedade individualizada
- Tempos líquidos
- Vida a crédito
- Vida em fragmentos
- Vida líquida
- Vida para consumo
- Vidas desperdiçadas
- Vigilância líquida

Zygmunt Bauman

DANOS COLATERAIS

Desigualdades sociais numa era global

Tradução:
Carlos Alberto Medeiros

ZAHAR

Copyright © 2011 by Zygmunt Bauman

Tradução autorizada da primeira edição inglesa, publicada em 2011
por Polity Press, de Cambridge, Inglaterra

*Grafia atualizada segundo o Acordo Ortográfico da Língua Portuguesa de 1990,
que entrou em vigor no Brasil em 2009.*

Título original
Collateral Dammage: Social Inequalities in a Global Age

Capa e imagem
Bruno Oliveira

Preparação
Angela Ramalho Vianna

Revisão
Vania Santiago
Eduardo Farias

Índice remissivo
Nelly Praça

Dados Internacionais de Catalogação na Publicação (CIP)
(Câmara Brasileira do Livro, SP, Brasil)

Bauman, Zygmunt, 1925-2017
    Danos colaterais : desigualdades sociais numa era global
/ Zygmunt Bauman ; tradução Carlos Alberto Medeiros. –
1ª ed. – Rio de Janeiro: Zahar, 2022.

    Título original: Collateral Damage: Social Inequalities in
a Global Age.
    ISBN 978-65-5979-072-2

    1. Desigualdade social 2. Igualdade 3. Pobreza – Aspectos
sociais I. Título.

22-109426   CDD:305.5

Índice para catálogo sistemático:
1. Desigualdade social : Sociologia   305.5

Cibele Maria Dias – Bibliotecária – CRB-8/9427

[2022]
Todos os direitos desta edição reservados à
EDITORA SCHWARCZ S.A.
Praça Floriano, 19, sala 3001 – Cinelândia
20031-050 – Rio de Janeiro – RJ
Telefone: (21) 3993-7510
www.companhiadasletras.com.br
www.blogdacompanhia.com.br
facebook.com/editorazahar
instagram.com/editorazahar
twitter.com/editorazahar

· Sumário ·

Introdução	7
1. Da ágora ao mercado	17
2. Um réquiem para o comunismo	39
3. O destino da desigualdade social em tempos líquido-modernos	55
4. Os estranhos são perigosos... Será que são mesmo?	71
5. Consumismo e moral	95
6. Privacidade, sigilo, intimidade, vínculos humanos – e outras baixas colaterais da modernidade líquida	109
7. A sorte e a individualização dos remédios	123
8. Procurando na Atenas moderna uma resposta à antiga pergunta de Jerusalém	135
9. Uma história natural do mal	165
10. Wir arme Leut'	191
11. Sociologia: de onde e para onde?	203
Notas	219
Índice remissivo	225

· Introdução ·

Os danos colaterais da desigualdade social

Quando um circuito elétrico fica sobrecarregado, a primeira peça a queimar é o fusível. O fusível, um elemento incapaz de aguentar tanta voltagem quanto o resto da instalação (na verdade, a parte *menos* resistente do circuito), foi inserido na rede de forma deliberada; ele derrete antes de qualquer outra parte da instalação no momento exato em que a corrente elétrica aumenta além do ponto de segurança, e portanto antes que ela consiga derrubar todo o circuito, juntamente com os periféricos que alimenta. Isso significa que um fusível é um dispositivo de segurança que protege outras partes da rede, impedindo que se queimem, fiquem inúteis e sem conserto. Mas também significa que a viabilidade e a resistência do circuito como um todo – a energia que ele pode absorver e a quantidade de trabalho que pode realizar – não devem ser maiores que a capacidade de resistência de seu fusível. Quando o fusível apaga, o circuito inteiro deixa de funcionar.

Uma ponte não quebra e cai quando a carga sobre ela ultrapassa a resistência média de seus vãos; cai muito antes, no momento em que o peso da carga supera a capacidade de *uma* das pilastras – a *mais fraca*. A "capacidade média de carga" das pilastras é uma ficção estatística de pouco impacto, se é que tem algum, sobre a viabilidade de utilização da ponte, assim como a "resistência média" dos elos é inútil quando se trata de calcular a força de tração que uma corrente pode suportar. Calcular, avaliar e fiar-se nas médias, de fato, é a receita mais segura para perder tanto a carga quanto a corrente a que ela estava presa. Não importa a resistência que possam ter os outros vãos e os pilares de sustentação – é o mais fraco deles que decide o destino de toda a ponte.

Essas verdades simples e óbvias são levadas em consideração sempre que algum tipo de estrutura é planejado e testado por engenheiros adequadamente treinados e experientes. Também são lembradas pelos operadores responsáveis pela manutenção de estruturas já instaladas: numa estrutura monitorada e mantida do modo adequado, esses trabalhos teriam início, de hábito, no momento em que a resistência de *uma* das partes caísse abaixo do padrão mínimo exigido. Eu disse "de hábito" – já que, por infortúnio, essa regra não se aplica a todas as estruturas.

Sobre as estruturas que, por uma ou outra razão, foram excluídas dessa regra – represas malconservadas, pontes abandonadas, aviões com manutenção deficiente, edifícios públicos ou residenciais inspecionados de forma apressada ou superficial –, ficamos sabendo *depois* de acontecer o desastre, quando se trata de contar as vítimas humanas da negligência e os exorbitantes custos financeiros da restauração. Uma estrutura, porém, se destaca muito das outras em termos do grau em que todas as verdades simples – na realidade, de senso comum – antes expressas são esquecidas ou suprimidas, ignoradas, subestimadas ou mesmo abertamente negadas. A estrutura em questão é a *sociedade*.

No caso da sociedade, presume-se amplamente, embora de forma equivocada, que a qualidade do todo possa e deva ser avaliada pela qualidade média de suas partes – e que, se qualquer dessas partes estiver abaixo da média, isso poderá afetar de forma negativa essa parte em particular, mas dificilmente a qualidade, a viabilidade e a capacidade operacional do todo. Quando se verifica e avalia o estado da sociedade, o que se tende a calcular são os índices "médios" de rendimentos, padrões de vida, saúde etc. Poucas vezes se vê como indicador relevante o grau em que tais índices variam de um segmento da sociedade para outro, assim como a amplitude da brecha entre os segmentos do topo e os da base.

O aumento da desigualdade raras vezes é considerado sinal de alguma coisa além de um problema financeiro; nos casos relativamente raros, em que há um debate sobre os perigos que essa desigualdade representa para a sociedade como um todo, em geral ele se dá em termos de ameaças à "lei e ordem"; quase nunca dos riscos para os ingredientes fundamentais do bem-estar geral da sociedade, como, por exemplo, a saúde física e mental da população, a qualidade de sua vida quotidiana, o sentido de seu engajamento político e a força dos vínculos que a integram à sociedade.

Na verdade, o único indicador tratado rotineiramente como medida do bem-estar – e o critério do sucesso ou fracasso das autoridades encarregadas de monitorar e proteger a capacidade da nação de enfrentar desafios, assim como de resolver os problemas com que se confronta do ponto de vista coletivo – é a renda média de seus membros, não o grau de desigualdade das rendas ou a distribuição da riqueza. A mensagem transmitida por tal escolha é que a desigualdade não é em si mesma um perigo para a sociedade como um todo, nem uma fonte dos problemas que a afetam.

Muito da natureza da política atual pode ser explicado pelo desejo da classe política, compartilhado por uma parte substancial de seu eleitorado, de forçar a realidade a obedecer à posição mencionada. Um sintoma evidente desse desejo e da política voltada para sua realização é a forma como a parcela da população situada na base da distribuição social de renda e riqueza é encapsulada na categoria imaginada de "subclasse": uma congregação de indivíduos que, ao contrário do restante da população, não pertence a classe alguma – e assim, de fato, não pertence à sociedade. A sociedade é uma sociedade de *classes*, no sentido de constituir uma totalidade em que os indivíduos são incluídos por seu pertencimento de classe, e deles se espera que, como integrantes, desempenhem a função atribuída à sua classe no e pelo "sistema social" como um todo. A ideia de "subclasse" sugere não haver uma função a ser desempenhada (como no caso das classes "trabalhadoras" ou "profissionais"), nem uma posição ocupada no todo social (como no caso das classes "baixa", "média" ou "alta"). O único significado de que o termo "subclasse" é portador é *estar fora* de qualquer classificação significativa, orientada para a posição e para a função. A "subclasse" pode estar "dentro", mas claramente não é "da" sociedade: não contribui para nada de que a sociedade necessite a fim de obter sua sobrevivência e seu bem-estar; de fato, a sociedade estaria melhor sem ela.

A condição da "subclasse", como sugere o nome que lhe foi atribuído, é a de "emigrados internos", ou "imigrantes ilegais", "estranhos de dentro" – destituídos dos direitos de que gozam os membros reconhecidos e aprovados da sociedade; em suma, um corpo estranho que não se conta entre as partes "naturais" e indispensáveis do organismo social. Algo não diferente de um tumor cancerígeno, cujo tratamento mais sensato é a extirpação, ou pelo menos o confinamento e/ou remissão forçados, induzidos e planejados.

Outro sintoma do mesmo desejo, estreitamente interligado ao primeiro, é a tendência cada vez mais evidente de reclassificar a pobreza, o mais extremo e problemático sedimento da desigualdade social, como um problema de lei e ordem, exigindo assim medidas em geral empregadas para enfrentar a delinquência e os atos criminosos. É verdade que a pobreza e o desemprego crônico, ou o "trabalho sem emprego" – informal, de curto prazo, sem envolvimento nem perspectivas –, têm uma correlação com a delinquência acima da média; em Bradford, por exemplo, a cerca de 10 quilômetros de onde eu moro e onde 40% dos jovens vivem em famílias sem uma única pessoa regularmente empregada, um em cada dez jovens já tem ficha policial. Essa correlação estatística, contudo, não justifica por si mesma reclassificar a pobreza como problema criminal; ao contrário, ela enfatiza a necessidade de tratar a delinquência juvenil como problema *social*: baixar as taxas de jovens que entram em conflito com a lei exige que se atinjam as raízes do fenômeno, e estas *são* sociais. Sedimentam-se numa combinação de filosofia de vida consumista – propagada e instilada sob a pressão de uma economia e uma política orientadas para o consumo – e oportunidades de vida cada vez mais restritas para os pobres e a ausência, para um segmento da população que aumenta de forma constante, de expectativas realistas de escapar à pobreza de forma socialmente aprovada e garantida.

Duas observações devem ser feitas sobre o caso de Badford, assim como tantos semelhantes que ocorrem por todo o planeta. Em primeiro lugar, explicá-los da maneira adequada, por referência a causas locais, imediatas e diretas (para não dizer relacioná-los diretamente à premeditação perversa de quem quer que seja), é um esforço inútil. Em segundo lugar, há pouco que agências locais, por mais dotadas de recursos e dispostas a agir, possam fazer para preveni-los ou remediá-los. Os laços com o fenômeno de Badford se estendem muito além dos limites da cidade. A situação dos jovens de Badford é uma *baixa colateral* da globalização voltada para o lucro, descoordenada e descontrolada.

A expressão "baixa (ou dano, ou vítima) colateral" foi recentemente cunhada no vocabulário das forças expedicionárias militares e popularizada pelas reportagens jornalísticas sobre suas ações, para denotar efeitos não pretendidos, não planejados "imprevistos", diriam alguns, de forma errônea –, que, não obstante, são perniciosos, dolorosos e prejudiciais. Qualificar certos efeitos destrutivos das atividades militares como "colaterais" sugere que esses efeitos não foram levados em conta no momento em que se planejou a operação e as tropas postas em ação; ou que a possibilidade de tais efeitos foi observada e considerada, mas ainda assim vista como risco válido, levando-se em conta a importância do objetivo militar – essa visão é muito mais fácil (e bem mais provável) porque as pessoas que se decidiram pela validade de assumir o risco não são as mesmas que sofreriam suas consequências.

Muitos dos responsáveis por essas ordens tentariam eximir-se retrospectivamente da disposição de colocar em risco outras vidas e modos de subsistência, assinalando que não se pode fazer uma omelete sem quebrar os ovos. O que se busca encobrir nesse caso é o poder de alguém, legítimo ou usurpado, de decidir qual omelete deve ser preparada e saboreada e quais ovos se devem quebrar, assim como o fato de que quem vai saborear a omelete não serão os ovos quebrados... Pensar em termos de danos colaterais é presumir tacitamente *uma desigualdade de direitos e oportunidades preexistente*, ao mesmo tempo que se aceita a priori a distribuição desigual dos custos da ação empreendida (ou, nesse sentido, de se desistir dela).

Aparentemente, os riscos são neutros e não intencionais, e seus efeitos, aleatórios; na verdade, porém, os dados do jogo dos riscos são viciados. Há uma afinidade seletiva entre a desigualdade social e a probabilidade de se tornar uma vítima de catástrofes, sejam elas "naturais" ou provocadas pelo homem, embora em ambos os casos os danos sejam declarados não intencionais e não planejados. Ocupar a base da pirâmide da desigualdade e tornar-se "vítima colateral" de uma ação humana ou de um desastre natural são situações que interagem da mesma forma que os polos opostos de um ímã: tendem a girar um em torno do outro.

Em 2005, o furacão Katrina atingiu a costa da Louisiana. Em Nova Orleans e arredores, todos sabiam que o Katrina estava chegando e tiveram tempo suficiente para procurar abrigo. Nem todos, porém, puderam agir de acordo com esse conhecimento e fazer bom uso do tempo de que dispunham para escapar. Alguns – um bom número – não haviam economizado o suficiente para comprar passagens aéreas. Podiam amontoar suas famílias em caminhonetes, mas para onde levá-las? Motéis também são pagos, e dinheiro era algo que eles não tinham. E – paradoxalmente – era mais fácil para seus vizinhos abonados obedecer aos apelos para que deixassem seus lares e abandonassem as propriedades para salvar suas vidas; os bens dos ricos estavam no seguro, e assim o Katrina podia ser uma ameaça mortal a suas vidas, mas não à sua riqueza. Além disso, as posses dos pobres sem dinheiro para pagar passagens aéreas ou motéis podiam ser escassas em comparação à opulência dos ricos, e assim menos capazes de provocar tristeza, mas eram seus *únicos* bens; ninguém os compensaria por perdê-las; uma vez perdidas, assim estariam para sempre, e todas as economias de suas vidas iriam embora com elas.

O Katrina pode não ter sido um fenômeno seletivo ou com viés de classe, pode ter atingido ricos e pobres com a mesma equanimidade fria e insensível. No entanto, essa catástrofe reconhecidamente natural não parece "natural" para suas vítimas. Embora o furacão em si não fosse um produto humano, suas *consequências para os seres humanos* o foram. Como resumiu o reverendo Calvin O. Butts III, pastor da Igreja Batista Abissínia do Harlem (e não somente ele): "As pessoas afetadas eram na maioria pobres. Pessoas pobres e negras."[1] Ao mesmo tempo, David Gonzalez, correspondente especial do *New York Times*, escreveu:

> Nos dias que se passaram desde que bairros e cidades da costa do golfo foram varridos pelos ventos e pela água, tem havido uma crescente percepção de que raça e classe foram os marcadores de quem conseguiu sair e de quem ficou preso. Tal como nos países em desenvolvimento, em que o fracasso das políticas de desenvolvimento agrário fica claramente óbvio em épocas de desastres naturais, como inundações e secas – disseram muitos líderes nacionais –, algumas das cidades mais pobres dos Estados Unidos se tornaram vulneráveis pelas políticas federais.
>
> – Ninguém se preocuparia com um monte de negros moradores desses bairros enquanto o sol brilhava – disse o prefeito Milton D. Tutwiler, de Winstonville, Mississippi. – Estou surpreso por ninguém ter vindo nos ajudar agora? Não.

Martin Espada, professor de inglês da Universidade de Massachusetts, observou: "Tendemos a pensar nos desastres naturais como algo de certa forma imparcial, aleatório. No entanto, sempre foi assim: os pobres estão em perigo. É o que significa ser pobre. Ser pobre é perigoso. Ser negro é perigoso. Ser latino é perigoso." Como costuma acontecer, as categorias relacionadas como particularmente expostas ao perigo tendem a se superpor. Há muitos pobres entre os negros e entre os latinos. Dois terços dos moradores de Nova Orleans eram negros, e mais de um quarto vivia na pobreza, enquanto no Lower Ninth Ward, bairro varrido da face da terra pela inundação, mais de 98% dos moradores eram negros e mais de um terço vivia na pobreza.

Os mais fortemente atingidos entre as vítimas daquela catástrofe natural eram pessoas que já tinham se tornado os dejetos da ordem e o refugo da modernização muito antes do Katrina; vítimas da manutenção da ordem e do progresso econômico, dois empreendimentos humanos, gritantemente não naturais.[2] Muito antes de se encontrarem no finalzinho da lista de preocupações prioritárias das autoridades responsáveis pela segurança dos cidadãos, haviam sido exilados para as margens das atenções (e da agenda política) de autoridades que declaravam ser a busca da felicidade um direito humano universal, e a sobrevivência do mais apto o principal meio de implementá-lo.

Uma ideia horripilante: será que o Katrina não contribuiu, ainda que por inadvertência, para os esforços desesperados da doentia indústria de remoção do lixo humano, lutando para enfrentar as consequências sociais de se haver globalizado a produção de uma "população redundante" num planeta abarrotado (e, do ponto de vista da indústria de remoção do lixo, *super*abarrotado)? Não teria sido essa ajuda uma das razões por que foi pequena a necessidade de enviar tropas para a área afligida até que a ordem *social* estivesse quebrada, e a perspectiva de distúrbios *sociais* se revelasse mais próxima? Qual dos "sistemas de alarme precoce" sinalizou a necessidade de empregar a Guarda Nacional? Uma ideia aviltante, horripilante mesmo; gostaríamos muito de descartá-la como injustificada ou fantasiosa, mas a sequência de eventos a tornou menos inverossímil do que era.

A probabilidade de se tornar "vítima colateral" de algum empreendimento humano, ainda que nobre em seu propósito declarado, e de alguma catástrofe "natural", ainda que cega à classe, é hoje uma das dimensões mais marcantes e surpreendentes da desigualdade social – e esse fato diz muitíssimo sobre o status já baixo, mas ainda em queda, da desigualdade social na agenda política contemporânea. Embora, para aqueles que se lembram do destino das pontes cuja força fora medida pela capacidade média de seus pilares, isso também fale mais sobre os problemas que a crescente desigualdade entre sociedades e dentro delas ainda estoca para nosso futuro comum.

O vínculo entre a probabilidade maior de se ter um destino de "baixa colateral" e o fato de se ocupar uma posição degradada na escala da desigualdade é resultado da convergência entre a "invisibilidade" endêmica ou planejada das vítimas colaterais, por um lado, e a "invisibilidade" imposta aos "estranhos de dentro" – os empobrecidos e os miseráveis –, por outro. As duas categorias, por variadas razões, são excluídas das considerações sempre que se avaliam e se calculam os custos de um empreendimento planejado e os riscos associados à sua execução. As baixas são "colaterais" quando rejeitadas como não importantes o suficiente para justificar os custos de sua prevenção, ou simplesmente "inesperadas", porque os planejadores não as consideraram dignas de serem incluídas entre os objetos das ações de reconhecimento preparatório.

Na seleção de candidatos a danos colaterais, os pobres progressivamente criminalizados constituem os "fracassados" – marcados de modo permanente, como tendem a ser, pelo duplo estigma de desimportância e falta de mérito. Essa regra é aplicada nas operações policiais contra traficantes de drogas e contrabandistas de imigrantes, em expedições militares contra terroristas, mas também por governos em busca de recursos adicionais, ao optar por aumentar os impostos sobre mercadorias e limitar as extensões dos playgrounds infantis, mas sem aumentar os impostos que incidem sobre os ricos. Em todos esses casos, e numa crescente multiplicidade de outros, os "danos colaterais" ocorrem com mais facilidade nos distritos violentos e nas ruas perigosas das cidades que nos abrigos fechados de ricos e poderosos. Assim distribuídos, os riscos de gerar vítimas colaterais podem até se transformar, às vezes (e segundo alguns interesses e propósitos), de passivos em ativos.

A íntima afinidade e interação entre desigualdade e baixas colaterais – dois fenômenos que têm crescido em volume e importância em nossa época, assim como no grau de toxidade dos perigos que pressagiam – é abordada, a cada vez de uma perspectiva um pouco diferente, nos capítulos deste livro, baseados, na maioria dos casos, em palestras preparadas e realizadas em 2010-11. Em alguns dos capítulos os dois temas aparecem em primeiro plano, em outros, servem como contexto de fundo. Uma teoria geral de seus mecanismos interligados ainda está por ser escrita; este livro pode ser visto, no máximo, como uma série de afluentes buscando um leito de rio que até agora não foi aberto nem mapeado. Estou consciente de que essa síntese um dia deve ser feita.

Tenho certeza, contudo, de que a mistura explosiva de crescente desigualdade social e volume cada vez maior de sofrimento humano relegado à condição de "colateralidade" (marginalidade, exterioridade, "removibilidade", de não ser uma parte legítima da agenda política) tem todos os sinais para se tornar, potencialmente, o mais desastroso dos problemas que a humanidade será forçada a confrontar, administrar e resolver no século atual.

· 1 ·

Da ágora ao mercado

A democracia é a forma de vida da ágora: daquele espaço intermediário que liga/separa os dois outros setores da pólis: a *ecclesia* e o *oikos*.

Na terminologia aristotélica, *oikos* significava a casa da família, o local em que os interesses privados eram constituídos e buscados; *ecclesia* significava o "público" – o conselho composto de magistrados eleitos, nomeados ou escolhidos por sorteio, cuja função era cuidar dos assuntos comuns que afetavam os cidadãos da pólis, questões como guerra e paz, a defesa do reino e as regras referentes à convivência dos cidadãos na cidade-Estado. Tendo se originado do verbo *kalein*, que significa "chamar", "intimar", "convocar", o conceito de *ecclesia* presumia desde o início a presença da ágora, o lugar do encontro e da conversa, o local de reunião das pessoas e do conselho: o lócus da democracia.

Numa cidade-Estado, a ágora tinha um espaço físico para o qual a *boulé*, o conselho, convocava todos os cidadãos (chefes de família) uma ou diversas vezes por mês para deliberar e decidir sobre assuntos de interesse conjunto e comum – e para escolher, por eleição ou sorteio, os seus membros. Por motivos óbvios, tal procedimento não pôde ser mantido quando o território da pólis ou o corpo político se expandiu muito além dos limites de uma cidade: a ágora não poderia mais significar literalmente uma praça pública em que todos os cidadãos do Estado deveriam se apresentar para participar do processo de tomada de decisão. Isso não significa, porém, que o propósito subjacente ao estabelecimento da ágora, e a função desta na concretização desse propósito, tivesse perdido sua importância ou precisasse ser abandonado para sempre. A história da democracia pode ser narrada como a de sucessivos esforços para manter vivos tanto o propósito quanto a busca de sua concretização após o desaparecimento de seu substrato original.

Ou seria possível dizer que a história da democracia foi posta em movimento, guiada e mantida nos trilhos pela *memória da ágora*. Poder-se-ia e dever-se-ia dizer também que a preservação e a recuperação da memória da ágora estavam destinadas a proceder de maneiras variadas e a assumir diferentes formas; não há um modo exclusivo pelo qual se possa realizar a tarefa da mediação entre *oikos* e *ecclesia*, e dificilmente um modelo está livre de obstáculos e impedimentos. Agora, mais de dois mil anos depois, precisamos pensar em termos de *múltiplas democracias*.

O *propósito* da ágora (por vezes declarado, mas quase sempre implícito) era e continua a ser a perpétua coordenação entre interesses "privados" (com base no *oikos*) e "públicos" (administrados pela *ecclesia*). A *função* da ágora era e continua a ser ofertar a condição necessária e essencial para tal coordenação: *a tradução em mão dupla entre a linguagem dos interesses individuais/familiares e a dos interesses públicos.* O que em essência se esperava ou desejava alcançar na ágora era a transformação de interesses e preocupações privados em assuntos públicos; e, inversamente, transformar os temas de interesse público em direitos e deveres individuais. O grau de democracia de um regime político, portanto, pode ser medido pelo sucesso ou fracasso, pela suavidade ou aspereza dessa *tradução*; ou seja, pelo grau em que seu principal objetivo tenha sido alcançado, mais do que, como muitas vezes é o caso, pela obediência rigorosa a um ou outro *procedimento*, visto de modo errôneo como condição ao mesmo tempo necessária e suficiente da democracia – de toda democracia, da democracia *como tal.*

Como o modelo de "democracia direta" da cidade-Estado – em que era possível fazer uma estimativa *in loco* de seu sucesso e da suavidade da tradução apenas pelo número de cidadãos participando em carne e osso do processo de tomada de decisão – era claramente inaplicável ao conceito moderno, restaurado, de democracia (em particular à "grande sociedade", aquela entidade reconhecidamente *imaginada*, abstrata, além do alcance da experiência e do impacto pessoais do cidadão), a teoria política moderna batalhou para descobrir ou inventar meios de mensuração alternativos pelos quais a democracia de um regime político pudesse ser avaliada: índices que pudessem ser defendidos e apresentados para refletir e sinalizar que o propósito da ágora havia sido atingido de forma adequada e que sua função fora desempenhada da maneira correta.

Talvez os mais populares desses critérios alternativos tenham sido os quantitativos: a percentagem dos cidadãos participantes no processo eleitoral que, na democracia "representativa", substituiu a presença deles em carne e osso no processo de elaboração das leis. Mas a efetividade dessa participação indireta tende a ser um tema contencioso; em particular quando o voto popular começou a se transformar na única fonte aceitável de legitimidade dos governantes, embora regimes obviamente autoritários, ditatoriais, totalitários e tirânicos, intolerantes à divergência pública ou ao diálogo aberto, pudessem apregoar percentagens mais altas do eleitorado nas urnas (e assim, por critérios formais, um apoio popular muito mais amplo às políticas de seus governantes) que governos cuidadosos em respeitar e proteger a *liberdade de opinião e expressão* – percentagens com que aqueles só poderiam sonhar.

Não admira que, sempre que os traços definidores da democracia são atualmente explicitados, a ênfase tenda a se deslocar das estatísticas de comparecimento e absenteísmo eleitorais para esses critérios de liberdade de opinião e expressão. Com base nos conceitos (elaborados por Albert O. Hirschman) de "êxito" e "voz" como as duas principais estratégias que os consumidores podem (e tendem a) empregar a fim de ganhar uma influência genuína sobre as políticas de marketing,[1] amiúde tem-se sugerido que o direito dos cidadãos de vocalizar abertamente sua discordância, a provisão de meios para fazê-lo e atingir a audiência pretendida, assim como o direito de optar por abandonar o território soberano de um regime detestado ou desaprovado, são condições sine qua non que os regimes políticos devem atender para que suas credenciais democráticas sejam reconhecidas.

No subtítulo de seu estudo muito influente, Hirschman coloca na mesma categoria as relações vendedores-compradores e Estado-cidadãos, sujeitas aos mesmos critérios de avaliação de desempenho. Esse procedimento foi e continua sendo legitimado pelo pressuposto de que as liberdades políticas e as liberdades de mercado são estreitamente relacionadas – necessitando umas das outras, assim como alimentando-se e reforçando-se uma à outra; que a liberdade dos mercados, que constitui a base do crescimento econômico, além de promovê-lo, é, em última instância, a condição necessária, assim como o caldo de cultura, da democracia política –, enquanto a política democrática é a única estrutura em que o sucesso econômico pode ser perseguido e alcançado. Contudo, esse pressuposto é discutível, para dizer o mínimo. Pinochet no Chile, Syngman Rhee na Coreia do Sul, Lee Kuan Yew em Cingapura, Chiang Kai-shek em Taiwan e os atuais governantes da China eram ou são ditadores (Aristóteles os chamaria de "tiranos") em tudo, exceto nos nomes de seus cargos; mas eles presidiram ou presidem uma notável expansão e o rápido crescimento do poder dos mercados. Nenhum dos países citados poderia ser considerado um exemplo de "milagre econômico" hoje, não fosse pela prolongada "ditadura de Estado". E, podemos acrescentar, não é apenas coincidência que tenham se tornado um exemplo como esse.

Lembremos que a fase inicial, na emergência de um regime capitalista, a da chamada "acumulação primitiva" de capital, sempre é assinalada por levantes sociais sem precedentes e muito marcantes, pela expropriação de modos de subsistência e pela polarização das condições de vida; isso só pode chocar as vítimas e produzir tensões sociais potencialmente explosivas, que empresários e comerciantes diligentes precisam reprimir com a ajuda de uma ditadura de Estado coerciva, potente e impiedosa. Permitam-me acrescentar que os "milagres econômicos" japonês e alemão no pós-guerra podem ser explicados, em grande medida, pela presença de forças de ocupação estrangeiras que tomaram das instituições políticas nativas as funções coercivas/opressivas do poder de Estado, fugindo a todo e qualquer controle que pudesse ser exercido pelas instituições democráticas dos países ocupados.

Uma das chagas mais evidentes dos regimes democráticos é a contradição entre a universalidade formal dos direitos democráticos (garantidos de modo igual a todos os cidadãos) e a capacidade nem tão universal de seus portadores de exercer de fato esses direitos; em outras palavras, a brecha entre a condição jurídica de um "cidadão *de jure*" e a capacidade prática de um cidadão *de facto* – brecha que, em teoria, seria superada por indivíduos que empregam suas capacidades e recursos próprios, dos quais, contudo, eles podem não dispor –, o que ocorre num enorme número de casos.

Lorde Beveridge, a quem devemos o projeto do "Estado de bem-estar social" britânico do pós-guerra que mais tarde seria copiado por um bom número de países europeus, era um *liberal*, não um socialista. Acreditava que sua visão de um seguro abrangente, coletivamente endossado, para *todos*, era consequência inevitável e complemento indispensável da ideia liberal de liberdade individual, assim como condição necessária da *democracia liberal*. A decretação da guerra ao medo por Franklin Delano Roosevelt teve por base o mesmo pressuposto, como também deve ter sido a investigação pioneira de Seebohm Rowntree sobre o volume e as causas da pobreza e da degradação humanas. A liberdade de escolha encerra, afinal, inúmeros e incontáveis riscos de fracasso; muitas pessoas considerariam esses riscos insuportáveis, temendo que pudessem exceder sua capacidade pessoal de enfrentá-los. Para a maioria, a ideia liberal de liberdade de escolha continuará a ser uma ilusão fugidia e um sonho inútil, a menos que o medo da derrota seja atenuado por uma política de seguro implantada em nome da comunidade, uma política em que possam confiar e da qual possam depender no caso de derrota pessoal ou de golpe do destino.

Se os direitos democráticos, e as liberdades que os acompanham, são garantidos na teoria, porém inatingíveis na prática, a dor da desesperança sem dúvida será coroada pela humilhação da infelicidade; a capacidade de lidar com os desafios da vida, testada todos os dias, é, afinal, a própria oficina em que a autoconfiança dos indivíduos (e também sua autoestima) é forjada ou dissolvida. Pouca ou nenhuma expectativa de socorro no que se refere à indolência ou impotência individuais pode advir de um Estado político que não seja (e se recuse a ser) um Estado *social*. Sem direitos sociais *para todos*, um número amplo e provavelmente crescente de pessoas irá considerar seus direitos políticos de pouca utilidade e indignos de atenção. *Se os direitos políticos são necessários para que se estabeleçam os direitos sociais, estes são indispensáveis para que os direitos políticos se tornem "reais" e se mantenham em operação.* Os dois tipos de direitos precisam um do outro para sobreviver; sua sobrevivência só pode ser uma realização *conjunta*.

O Estado social foi a última corporificação da ideia de *comunidade*, ou seja, a reencarnação institucional daquela ideia em sua forma *moderna* de "totalidade *imaginada*" – composta de dependência, comprometimento, lealdade, solidariedade e confiança mútuos. Os direitos sociais são, por assim dizer, a manifestação tangível, "empiricamente dada", daquela totalidade comunal imaginada (ou seja, a variedade moderna de *ecclesia*, a estrutura em que essas instituições democráticas estão inscritas),

Da ágora ao mercado 23

que liga a noção abstrata a realidades cotidianas, enraizando a imaginação no solo fértil da experiência da vida diária. Esses direitos certificam a veracidade e o realismo da confiança mútua pessoa a pessoa, e da confiança numa rede institucional comum que endossa e convalida a solidariedade coletiva. Cerca de sessenta anos atrás, T.H. Marshall reciclou a disposição popular da época naquilo que ele acreditava ter sido (e ainda tendia a ser) uma lei universal do progresso humano: dos direitos de *propriedade* aos direitos *políticos*, e destes aos direitos *sociais*.[2] A liberdade política, a seu ver, era um resultado inevitável, ainda que um tanto atrasado, da liberdade econômica, enquanto ela própria originava necessariamente os direitos sociais – tornando tanto viável quanto plausível para todos o exercício dos dois tipos de liberdade. A cada sucessiva ampliação dos direitos políticos, acreditava Marshall, a ágora se tornaria mais inclusiva, categorias de pessoas até então inaudíveis ganhariam voz, mais desigualdades seriam eliminadas e mais discriminações, abolidas.

Cerca de um quarto de século depois, John Kenneth Galbraith apontou outra regularidade, contudo, esta agora capaz de modificar a sério, senão de refutar, o prognóstico de Marshall. Quando a universalização dos direitos *sociais* começa a dar frutos, cada vez mais detentores de direitos *políticos* tendem a usar sua prerrogativa de votar para apoiar iniciativas de indivíduos, com todas as suas consequências: uma crescente (e não reduzida ou eliminada) desigualdade de rendimentos, de padrões de existência e de expectativas de vida. Galbraith atribuiu essa tendência à disposição e à filosofia de vida extremamente diferentes da emergente "maioria satisfeita".[3]

Sentindo-se agora firme na sela e à vontade num mundo de grandes riscos, mas também de grandes oportunidades, a maioria emergente não via necessidade de "Estado de bem-estar social"; este seria para eles um arranjo que seus membros cada vez mais vivenciavam como uma gaiola, e não como uma rede de segurança; uma restrição, e não uma abertura; e como uma dádiva perdulária de que eles, os satisfeitos, capazes de depender dos próprios recursos e livres para perambular pelo planeta, provavelmente jamais precisariam e da qual dificilmente viriam a se beneficiar. Para eles, os pobres locais, mantidos presos ao solo, não constituíam mais um "exército de reserva de mão de obra", e o dinheiro gasto para mantê-los em boa forma era dinheiro jogado fora. O amplo apoio ("para além de direita e esquerda") ao Estado social, visto por T.H. Marshall como destino final da "lógica histórica dos direitos humanos", começou a encolher, desintegrar-se e desaparecer em velocidade acelerada.

Na verdade, o Estado do bem-estar (social) dificilmente surgiria se os donos de fábrica não tivessem considerado a proteção de um "exército de reserva de mão de obra" (manter os reservistas em boa forma para o caso de serem chamados de volta ao serviço ativo) um investimento lucrativo. A introdução do Estado social era de fato uma questão "além de direita e esquerda"; agora, porém, chegou a vez de a limitação e a gradual desmontagem das disposições do Estado de bem-estar social se transformarem numa questão "além de direita e esquerda".

Se o Estado de bem-estar social agora carece de recursos, desmorona ou é mesmo ativamente desmantelado, é porque as fontes do lucro capitalista flutuaram ou foram levadas da exploração da *mão de obra* fabril para a exploração dos *consumidores*; e porque os pobres, privados dos recursos necessários para responder às seduções dos mercados de consumo, precisam de dinheiro e linhas de crédito (que não são os tipos de serviço fornecidos pelo "Estado de bem-estar social") para ter alguma "utilidade" segundo a compreensão desse termo por parte do capital de consumo.

Mais que tudo, o "Estado de bem-estar social" (que, repito, deveria ser chamado de "Estado social", denominação que tira a ênfase da distribuição de benefícios materiais para pô-la no processo de construção comunitária que motiva sua implantação) foi um arranjo inventado e promovido como se sua finalidade fosse prevenir a atual tendência à "privatização" (termo taquigráfico que se poderia traduzir por promoção dos padrões individualizantes, em essência anticomunais, do estilo do mercado de consumo, padrões que colocam os indivíduos em competição entre si): uma tendência que resulta na fragilização e no desmoronamento dos alicerces sociais da solidariedade humana. A "privatização" transfere a assustadora tarefa de confrontar e (ao que se espera) resolver problemas *socialmente* produzidos para os ombros de indivíduos, homens e mulheres que, na maioria dos casos, não dispõem de recursos suficientes para esse fim, enquanto o "Estado social" tende a unir seus membros na tentativa de proteger a todos e a qualquer um deles da "guerra de todos contra todos", impiedosa e moralmente devastadora.

Um Estado é "social" quando promove o princípio da comunalidade endossada, do seguro coletivo contra o infortúnio individual e suas consequências. É esse princípio – declarado, posto em operação e em cujo funcionamento se acredita – que ergue a "sociedade imaginada" até o nível de uma "totalidade autêntica" – uma comunidade tangível, percebida e vivida –, e portanto substitui (para empregar os termos de John Dunn) a "regra do egoísmo", que gera desconfiança e suspeita, pela "regra da igualdade", que inspira confiança e solidariedade. É o mesmo princípio que torna democrático o corpo político; ele eleva os membros da sociedade à condição de *cidadãos*, ou seja, torna-os detentores de *direitos*, para além do fato de serem os detentores de *ações* de uma sociedade politicamente organizada; *beneficiários*, mas também *atores* responsáveis pela criação e alocação decente dos benefícios. Em suma, tornam-se cidadãos definidos e movidos pelo profundo interesse no bem-estar e na responsabilidade comuns; uma rede de instituições públicas nas quais há confiança de que elas garantam a solidez e a fidedignidade da "apólice de seguro coletiva" lançada pelo Estado. A aplicação desse princípio pode proteger (e frequentemente o faz) homens e mulheres do triplo veneno de *"silenciamento"*, *exclusão* e *humilhação* – porém, o que é mais importante, pode se tornar (e em geral se torna) uma fonte prolífica da solidariedade social que transforma a "sociedade" num valor comum, comunal.

Hoje, contudo, nós (dos países desenvolvidos, por nossa própria iniciativa, assim como "nós" dos países "em desenvolvimento", sob pressão dos mercados globais, do Fundo Monetário Internacional e do Banco Mundial) parecemos estar caminhando na direção oposta; as "totalidades", sociedades e comunidades, reais ou imaginadas, tornam-se cada vez mais "ausentes". O espectro da autonomia individual está se expandindo, mas também arcando com o peso de funções antes consideradas de responsabilidade do Estado, mas agora transferidas ("subsidiarizadas") para a esfera das preocupações individuais. Estados endossam a apólice de seguro coletivo de modo temeroso e com crescentes reservas, e deixam para o indivíduo a tarefa de, com suas realizações, alcançar o bem-estar e tornar seguro esse bem-estar.

Assim, poucas coisas estimulam as pessoas a visitar a ágora, que dirá se engajar em seus trabalhos. Deixadas cada vez mais por conta de seus recursos e sagacidade próprios, espera-se das pessoas que encontrem soluções individuais para problemas socialmente gerados, e que o façam individualmente, usando suas habilidades e capacidades. Tal expectativa coloca os indivíduos em competição mútua e faz com que a solidariedade comunal (exceto na forma de alianças de conveniência temporárias, ou seja, de laços humanos atados e desatados a pedido e "sem criar vínculos") seja percebida como algo amplamente irrelevante, se não contraproducente. Se não for amenizada por uma intervenção institucional, essa "individualização por decreto" torna inescapáveis a diferenciação e a polarização das oportunidades individuais; na verdade, transforma a *polarização* das expectativas e oportunidades num processo capaz de se movimentar e acelerar por si mesmo.

Os efeitos dessa tendência eram fáceis de prever – e agora podem ser computados. Na Grã-Bretanha, por exemplo, a parcela da renda nacional nas mãos do centésimo mais rico da população dobrou desde 1982, passando de 6,5% a 13%, enquanto os

Da ágora ao mercado 27

principais executivos das cem empresas da FTSE* têm recebido (até a "crise creditícia" e depois dela) não vinte, como em 1983, porém 133 vezes mais que os assalariados médios. Mas esse não é o fim da história. Graças à rede de "autoestradas da informação", em rápido crescimento tanto em extensão quanto em densidade, todo e qualquer indivíduo (homem ou mulher, adulto ou criança, rico ou pobre) é convidado, tentado e induzido (ou seja, compelido) a comparar sua própria sorte com a de *todos os outros*; em particular, com o consumo excessivo praticado pelos ídolos públicos (celebridades constantemente expostas nas telas de TV e nas capas de tabloides e revistas de luxo); e a mensurar os valores que tornam a vida digna de ser vivida pela opulência que eles exibem. Ao mesmo tempo, enquanto as expectativas realistas de uma vida satisfatória continuam a divergir profundamente, os padrões sonhados e os símbolos cobiçados de uma "vida feliz" tendem a convergir; a força motora da conduta não é mais o desejo mais ou menos realista de "se equiparar aos vizinhos", mas a ideia altamente nebulosa de "equiparar-se às celebridades", comparar-se com *supermodels*, jogadores de grandes times de futebol e cantores de sucesso.

Como sugeriu Oliver James, essa mistura verdadeiramente tóxica é criada ao se acumularem "aspirações irrealistas, assim como a expectativa de que elas possam se concretizar"; mas grandes segmentos da população britânica "acreditam poder tornar-se ricos e famosos", que "qualquer um pode ser um Alan Sugar ou um Bill Gates, não importando que a probabilidade real de isso ocorrer tenha diminuído desde a década de 1970".[4]

O Estado hoje tem cada vez menos capacidade (e disposição) de prometer a seus súditos a segurança existencial ("ser livre

---

* Índice calculado pela FTSE The Index Company. Representa um pool de cem ações da Bolsa de Valores de Londres, visando a detectar movimentos de alta ou baixa nas cotações. A FTSE é uma companhia independente, de propriedade conjunta do *Financial Times* e da London Stock Exchange. Objetiva o manejo dos índices de serviços de dados em escala internacional, e não só no Reino Unido. (N.T.)

do medo", como Franklin Delano Roosevelt expressou numa frase famosa, invocando sua "firme crença" de que "a única coisa que temos a temer é o próprio medo"). Em grau cada vez maior, a tarefa de garantir a segurança existencial – obtendo e mantendo um lugar digno e legítimo na sociedade humana e evitando a ameaça de exclusão – é agora deixada por conta dos recursos e habilidades próprios de cada indivíduo; e isso quer dizer correr riscos enormes e sofrer a angustiante incerteza que essas tarefas inevitavelmente implicam. O medo que a democracia e seu filhote, o Estado social, prometeram erradicar voltou como vingança. A maioria de nós, da base ao topo, teme hoje, embora vaga e inespecífica, a ameaça de ser excluído, de ser tido como inadequado diante do desafio, desprezado, humilhado e destituído de dignidade.

Os políticos, tanto quanto os mercados de consumo, são ávidos por tirar proveito dos medos difusos e nebulosos que saturam a sociedade atual. Os comerciantes de serviços e bens de consumo anunciam suas mercadorias como remédios garantidos contra o abominável sentimento de incerteza e as ameaças indefinidas. Movimentos e políticos populistas assumem a tarefa abandonada com a fragilização e o desaparecimento do Estado social, do mesmo modo que grande parte do que restou da esquerda social-democrática, amplamente desacreditada. Mas, em nítida oposição ao Estado social, eles estão interessados em *expandir* (e não em *reduzir*) o volume desses medos; em particular, em expandir os medos provocados por aquele tipo contra o qual a TV os mostra resistindo galhardamente, enfrentando e protegendo a nação.

A ironia é que as ameaças exibidas pela mídia, da maneira mais vociferante, espetacular e insistente, raras vezes são (se é que chegam a ser) as que se encontram nas raízes da ansiedade e do medo populares. Não importa o êxito que o Estado possa obter na resistência às ameaças anunciadas; as fontes genuínas de ansiedade, daquela incerteza abrangente e aterrorizante, assim como da insegurança social, causas básicas do medo endêmico ao modo de vida capitalista moderno, vão permanecer intactos e, pelo contrário, emergir reforçados.

No que diz respeito à massa do eleitorado, os líderes políticos (atuais e pretendentes) são julgados pela severidade que manifestam no curso da "corrida pela segurança". Políticos tentam superar um ao outro nas promessas de tratar com austeridade os responsáveis pela insegurança – autênticos ou supostos, mas os que estão perto, ao alcance, e que podem ser enfrentados e derrotados, ou pelo menos considerados conquistáveis e assim apresentados. Partidos como o Forza Italia ou a Liga Norte podem vencer eleições prometendo evitar que os labutadores lombardos sejam roubados pelos preguiçosos calabreses; defender esses dois grupos dos recém-chegados de outras terras, que lhes trazem à lembrança a instabilidade e a fragilidade incurável de sua própria posição; e também defender todo e qualquer eleitor dos importunos pedintes, molestadores, vagabundos, assaltantes, ladrões de carros e, evidentemente, ciganos. A ironia é que as ameaças mais assustadoras à vida e à dignidade humanas, e portanto à vida democrática, irão emergir ilesas.

Da mesma forma, os riscos a que as democracias estão hoje expostas se devem, *pelo menos em parte*, à forma como os governos buscam com desespero legitimar seu direito de governar e de exigir disciplina exibindo seus músculos e mostrando sua determinação de permanecer firmes diante das infindáveis ameaças (autênticas ou supostas) aos corpos humanos – em lugar de (como faziam antes) proteger a utilidade social de seus cidadãos, suas posições respeitáveis na sociedade e a garantia contra a exclusão e negação da dignidade e a humilhação. Digo "em parte" porque, o segundo motivo de a democracia estar em risco é o que só pode ser chamado de "fadiga da liberdade". Esta se manifesta na placidez com que a maioria de nós aceita o processo de limitação gradual de nossas liberdades tão difíceis de conquistar, de nossos direitos à privacidade, à defesa nos tribunais, a sermos tratados como inocentes até prova em contrário. Laurent Bonelli recentemente cunhou o termo "liberticida" para denotar essa combinação das novas e extravagantes ambições dos Estados com a timidez e a indiferença dos cidadãos.[5]

Algum tempo atrás, eu via na TV milhares de passageiros presos nos aeroportos britânicos durante outro "pânico do terrorismo", quando voos foram cancelados após o anúncio da descoberta dos "terríveis perigos" de uma "bomba líquida" e de uma conspiração mundial para explodir as aeronaves em pleno voo. Mas eles não se queixavam! Nem um pouco... Nem de terem sido farejados por cães, mantidos em filas intermináveis para verificações de segurança, submetidos a buscas corporais que em situação normal considerariam ofensivas à sua dignidade. Pelo contrário, estavam jubilosos, radiantes de gratidão: "Nunca nos sentimos tão seguros quanto agora", repetiam. "Estamos muito gratos às nossas autoridades por sua vigilância e por cuidarem tão bem de nossa segurança!"

No ponto extremo da atual tendência, ficamos sabendo de prisioneiros encarcerados durante anos, sem acusação, em lugares como Guantánamo, Abu Ghraib e talvez dezenas de outros lugares que se mantêm secretos e, por isso mesmo, são ainda mais sinistros e menos humanos; o que ficamos sabendo causou murmúrios de protesto ocasionais, mas quase nunca um clamor público, muito menos uma reação efetiva. Nós, a "maioria democrática", nos consolamos com o fato de que todas essas violações dos direitos humanos são dirigidas a "eles", não a "nós" – a tipos diferentes de seres humanos ("Cá entre nós, será que são mesmo humanos?") –, de que esses ultrajes não nos afetam, nós, as pessoas decentes.

De modo conveniente, esquecemos a triste lição aprendida por Martin Niemöller, pastor luterano e vítima da perseguição nazista. "Primeiro eles pegaram os comunistas", refletiu ele, "mas eu não era comunista, de modo que fiquei calado. Depois vieram atrás dos sindicalistas, mas, como eu não era sindicalista, não disse nada. Depois vieram atrás dos judeus, mas eu não era judeu... E depois dos católicos, mas eu não era católico... Depois vieram atrás de mim... E aí não havia mais ninguém para gritar por quem quer que fosse."

Num mundo inseguro, segurança é o nome do jogo. A segurança é o principal objetivo do jogo e seu maior prêmio. É um valor que na prática (se não na teoria) reduz e afasta do campo visual e das atenções todos os outros – incluindo valores caros para "nós", mas supostamente odiados por "eles", e por isso declarados causa principal de eles desejarem nos atingir, assim como de nosso dever de derrotá-los e puni-los. Num mundo tão inseguro como o nosso, a liberdade pessoal de palavra e de ação, o direito à privacidade, de acesso à verdade – todas essas coisas que costumávamos associar à democracia e em nome das quais ainda fazemos guerra – precisam ser reduzidos ou suspensos. Ou pelo menos é o que declara a versão oficial, confirmada pela prática.

A verdade – cuja omissão põe em risco a democracia –, não obstante, é que *não podemos defender efetivamente nossas liberdades em nossa própria terra colocando cercas entre nós e o resto do mundo e cuidando apenas dos nossos interesses*.

A classe é apenas uma das formas históricas de desigualdade, o Estado-nação, apenas um de seus arcabouços históricos. Assim, "o fim da sociedade de classes nacional" (se é que de fato a era da "sociedade de classes nacional" chegou ao fim, o que é uma questão em aberto) não prenuncia "o fim da desigualdade social". Precisamos agora estender o tema da desigualdade para além da área equivocadamente limitada da renda per capita; ela deve se ampliar até a atração fatal e recíproca entre pobreza e vulnerabilidade social, corrupção, acumulação de perigos, assim como humilhação e negação da dignidade; ou seja, até os fatores que moldam as atitudes e a conduta e que são responsáveis pela integração (ou, de modo mais correto, nesse caso, *des*integração) de grupos, fatores que depressa crescem em volume e importância na era da informação globalizada.

Creio que o que está por trás da atual "globalização da desigualdade" é a repetição atualizada, embora desta vez em escala planetária, do processo apontado por Max Weber nas origens do capitalismo moderno e por ele chamado de "separação entre local de trabalho e local de residência"; em outras palavras, a emancipação dos interesses empresariais em relação a todas as instituições socioculturais de supervisão e controle eticamente inspirados então existentes (concentradas, naquela época, na residência/oficina familiar e, por meio dela, na comunidade local); e, por consequência, a imunização das atividades empresariais contra todos os valores, exceto a maximização do lucro. Com o benefício do tempo, podemos agora ver os desvios atuais como uma réplica ampliada desse processo original que já tem duzentos anos. Os resultados são os mesmos: rápida expansão da miséria (pobreza, desagregação de famílias e comunidades, fragilização e afrouxamento dos vínculos humanos diante do "nexo financeiro" de Thomas Carlyle) e uma nova "terra de ninguém" (uma espécie de Velho Oeste, a ser mais tarde recriado nos estúdios de Hollywood), livre de leis restritivas e de supervisão administrativa, só esporadicamente visitada por juízes itinerantes.

Para resumir uma longa história: à cisão original dos interesses empresariais seguiu-se um longo e frenético esforço do Estado emergente para invadir, submeter, colonizar e por fim estabelecer uma "regulação normativa" nessa terra dos "livres para tudo"; para lançar os alicerces institucionais da "comunidade imaginada" (chamada de "nação"), destinada a assumir as funções de sustentação da vida antes desempenhadas por residências, paróquias, guildas de artesãos e outras instituições que impunham valores aos negócios, mas que agora saíram das mãos debilitadas de comunidades locais destituídas de seu poder executivo. Hoje assistimos à Cisão Empresarial Parte 2: agora é a vez de se atribuir aos Estados-nação o status de "residências" e "trincheiras do paroquialismo"; de serem vistos com desagrado, depreciados e atacados como obstáculos à modernização, relíquias irracionais e hostis à economia.

A essência da segunda cisão, tal como o fora a da original, é o *divórcio entre poder e política*. No curso de sua luta para limitar os danos sociais e culturais da primeira cisão (culminando nos "trinta gloriosos" anos que se seguiram à Segunda Guerra Mundial), o Estado moderno emergente conseguiu desenvolver instituições políticas e de governança feitas sob medida para a postulada fusão de poder (*Macht, Herrschaft*) e política *no interior* da união territorial entre nação e Estado. O casamento de poder com política (ou melhor, sua coabitação dentro do Estado-nação) agora termina numa separação que tende ao divórcio; o poder em parte evapora para cima, para o ciberespaço, em parte flui lateralmente para mercados militante e grosseiramente apolíticos, e em parte torna-se "subsidiário" (à força, "por decreto") da área da "política de vida" de indivíduos recém-"emancipados" (de novo por decreto).

Os resultados são muito semelhantes aos que foram produzidos pela cisão original, só que desta vez numa escala incomparavelmente maior. Agora, contudo, não há à vista nada equivalente ao "Estado-nação soberano" que então se postulava; nada capaz (ou assim se esperava que fosse) de divisar (que dirá implementar) uma expectativa realista de controlar os efeitos até agora puramente negativos (destrutivos, desagregadores de instituições, desarticuladores de estruturas) da globalização, de recapturar as forças que se movimentam às cegas para submetê-las a um controle eticamente orientado e politicamente conduzido. Até agora, pelo menos... Agora temos *poder livre da política* e *política destituída de poder*. O poder já é global; a política, por lástima, permanece local. Os Estados-nação territoriais são delegacias de polícia locais no estilo "lei e ordem", assim como latas de lixo, cortadores de grama e usinas de reciclagem locais para riscos e problemas globalmente produzidos.

Há razões válidas para se supor que, num planeta globalizado, com o destino de cada um, em cada lugar, determinando o de todos os outros e sendo por eles determinado, não se pode mais garantir e proteger com eficácia a democracia "isoladamente", num país ou mesmo em alguns países selecionados, como é o caso da União Europeia. A sorte da liberdade e da democracia em cada lugar é decidida e estabelecida no palco global; e só nesse palco ela pode ser defendida com uma chance realista de sucesso permanente. Não está mais no poder de qualquer Estado ativo, sozinho, ainda que dotado de recursos, fortemente armado, resoluto e inflexível, defender certos valores no plano doméstico e virar as costas aos sonhos e anseios dos que estão fora de suas fronteiras. Mas virar as costas é precisamente aquilo que nós, europeus e americanos, parecemos estar fazendo quando mantemos e multiplicamos nossas riquezas à custa dos pobres lá de fora.

Alguns exemplos são suficientes. Se quarenta anos atrás a renda dos 5% mais ricos da população mundial era trinta vezes maior que a dos 5% mais pobres, quinze anos atrás já era sessenta vezes maior, e em 2002 atingiu um fator de 114.

Como assinalou Jacques Attali em *La voie humaine*,[6] metade do comércio mundial e mais de metade do investimento global beneficiam apenas 22 países, que abrigam 14% da população mundial, enquanto os 49 países mais pobres, habitados por 11% da população mundial, recebem entre si apenas 0,5% do produto global – quase o mesmo que a soma dos rendimentos dos três homens mais ricos da Terra. Algo em torno de 90% da riqueza total do planeta permanece nas mãos de apenas 1% de seus habitantes.

A Tanzânia produz uma renda anual de US$ 2,2 bilhões, que divide entre seus 25 milhões de habitantes. O Banco Goldman Sachs ganha US$ 2,6 bilhões por ano, divididos entre 161 acionistas.

Europa e Estados Unidos gastam US$ 17 bilhões por ano com comida para animais, enquanto, segundo especialistas, apenas US$ 19 bilhões seriam necessários para salvar da fome toda a população mundial. Como Joseph Stiglitz relembrou aos ministros do Comércio europeus que se preparavam para seu encontro no México,[7] o subsídio europeu médio por vaca "equipara-se ao nível de pobreza de US$ 2 por dia com os quais milhões de pessoas subsistem", enquanto os subsídios americanos para o algodão, de US$ 4 bilhões pagos a 25 mil fazendeiros, "provocam a miséria de 10 milhões de agricultores africanos e mais que superam a mesquinha ajuda dos Estados Unidos a alguns países afetados".

De vez em quando ouvimos Europa e Estados Unidos se acusando mutuamente de "práticas agrícolas desonestas". Mas, como observa Stiglitz, "nenhum dos lados parece disposto a fazer concessões relevantes". Mas uma concessão relevante talvez possa convencer outros a não encarar a desavergonhada exibição de "poder econômico bruto por parte dos Estados Unidos e da Europa" como algo mais que um esforço no sentido de defender os privilégios dos privilegiados, proteger a riqueza dos ricos e servir a seus interesses – o que, na opinião deles, pode ser traduzido como mais riqueza e mais riqueza ainda.

Para serem elevadas e redirecionadas a um plano mais alto que o Estado-nação, as características essenciais da solidariedade humana (como os sentimentos de pertença mútua e de responsabilidade comum por um futuro comum, ou a disposição de cuidar do bem-estar uns dos outros e de encontrar soluções amigáveis e duradouras para choques de interesses esporadicamente exaltados) precisam de um arcabouço institucional para a formação de opiniões e a constituição de desejos. A União Europeia quer constituir (e caminha nessa direção, ainda que de maneira lenta e hesitante) uma forma rudimentar ou embrionária desse arcabouço institucional, encontrando em seu caminho, como obstáculos mais importunos, os Estados-nação existentes e sua relutância em partilhar o que tenha restado da soberania que um dia foi plena. A atual direção é difícil de delinear sem ambiguidade, e prever seu futuro torna-se ainda mais difícil, além de injustificável, irresponsável e imprudente.

Sentimos, percebemos, suspeitamos o que precisa ser feito. Mas não sabemos a forma ou o formato que isso acabará assumindo. Podemos estar bem seguros, contudo, de que o formato final não será qualquer um dos que conhecemos. Será (deve ser) diferente de todos aqueles a que nos acostumamos no passado, na era de construção da nação e de autoafirmação dos Estados nacionais. Dificilmente pode ser de outra forma, já que todas as instituições políticas agora disponíveis foram feitas sob medida para a *soberania territorial* do Estado-nação; elas resistem a se estender para uma escala planetária, supranacional; as instituições políticas que se prestem à autoconstituição da comunidade humana de escala global não serão (não poderão ser) "as mesmas, apenas maiores". Se fosse convidado a uma sessão parlamentar em Londres, Paris ou Washington, Aristóteles talvez aprovasse suas regras de procedimento e reconhecesse os benefícios oferecidos às pessoas a quem suas decisões afetam, mas ficaria perplexo ao lhe dizerem que o que lhe fora mostrado era a "*democracia* em ação". Não era assim que Aristóteles, criador do termo, visualizava a "pólis democrática".

Podemos muito bem sentir que a passagem das agências e dos instrumentos de ação de *internacionais* para instituições *universais* – globais, planetárias, atingindo toda a humanidade – deve ser e será uma mudança *qualitativa*, e não apenas *quantitativa* na história da democracia. Assim, podemos ponderar, com preocupação, se os arcabouços de "política internacional" hoje disponíveis podem acomodar as práticas da emergente comunidade organizada global, ou se de fato lhe servem de incubadora. Que dizer da Organização das Nações Unidas, por exemplo, apresentada em seu nascedouro como guardiã e defensora da soberania indivisível e incontestável do Estado sobre seu território? Será que a *força coerciva* das leis *planetárias* depende dos acordos (reconhecidamente revogáveis!) de membros soberanos da "comunidade internacional" para obedecê-las?

Em seus estágios iniciais, a modernidade elevou a integração humana até o nível de *nações*. Antes de concluir o trabalho, contudo, a modernidade necessita realizar outra tarefa, ainda mais formidável: elevar a integração humana até o nível da *humanidade*, incluindo toda a população do planeta. Por mais difícil e espinhosa que possa ser essa tarefa, ela é imperativa e urgente, pois, para um planeta caracterizado pela interdependência universal, trata-se, literalmente, de uma questão de vida (compartilhada) ou morte (conjunta). Uma das condições cruciais para essa tarefa ser empreendida e realizada com seriedade é a criação de um *equivalente global* (não uma réplica nem uma cópia ampliada) do "Estado social" que completou e coroou a fase anterior da história moderna – a da integração de localidades e tribos em *Estados-nação*. Em algum momento, uma ressurgência do cerne essencial da "utopia ativa" socialista – o princípio da responsabilidade comum e do seguro coletivo contra a miséria e o infortúnio – será indispensável, embora desta vez em escala global, tendo como objeto *a humanidade como um todo*.

No estágio já alcançado pela globalização do capital e do comércio de mercadorias, nenhum governo, isolado ou mesmo em grupo, consegue equilibrar as contas. Sem isso, a capacidade de o "Estado social" continuar com sua prática de erradicar efetivamente a pobreza no plano doméstico é inconcebível. Também é difícil imaginar governos, isolados ou mesmo em grupos, capazes de impor limites ao consumo e elevar os impostos até os níveis necessários para a continuação (que dirá a expansão) dos serviços sociais. Uma intervenção nos mercados é de fato necessária, mas, se acontecer – em particular se, além de apenas acontecer, também provocar efeitos tangíveis –, será ela uma intervenção de *Estado*? Em vez disso, parece que ela deverá ser uma obra de iniciativas *não* governamentais, independentes do Estado e talvez até dissidentes dele.

A pobreza, a desigualdade e, de modo mais geral, os desastrosos efeitos e "danos colaterais" do laissez-faire global não podem ser enfrentados de maneira efetiva nem isolado do resto do planeta, num canto do globo (a não ser à custa do que norte-coreanos ou birmaneses têm sido forçados a pagar). Não há uma forma decente pela qual um só ou vários Estados territoriais possam "optar por se excluir" da interdependência global da humanidade. O "Estado social" não é mais viável; só um "planeta social" pode assumir as funções que os Estados sociais, com resultados ambíguos, tentaram desempenhar.

Suspeito que os prováveis veículos para nos conduzir a esse "planeta social" não sejam Estados territorialmente soberanos, e sim organizações e associações não governamentais cosmopolitas, aquelas que atingem diretamente as pessoas necessitadas por sobre as cabeças dos governos locais "soberanos" e sem interferência deles.

· 2 ·

Um réquiem para o comunismo

A visão do comunismo foi concebida e nasceu na maré montante da fase "sólida" da modernidade. As circunstâncias desse nascimento devem ter deixado suas marcas profundamente gravadas, porque, durante muitos anos desde então, na verdade durante um século e meio, essas marcas emergiram intactas de provas e testes sucessivos, mostrando-se, no fim, indeléveis. Do berço ao túmulo, o comunismo sempre foi um fenômeno genuinamente sólido-moderno. Na verdade, o comunismo foi um dos filhos (talvez o filho) mais fiéis, devotados e amorosos, assim como (ao menos em suas intenções) o aluno mais zeloso de toda a prole da modernidade sólida; o subalterno leal e o dedicado companheiro de armas da modernidade em todas as suas sucessivas cruzadas; um dos poucos devotos a permanecer leais a suas ambições e vivamente interessados em prosseguir com seu "projeto inacabado", mesmo quando a maré da história se inverteu, e as ambições "solidificantes" da modernidade foram deixadas de lado pela maioria de seus fiéis, ridicularizadas ou condenadas, abandonadas e/ou esquecidas. Inflexivelmente devotado a intenções, promessas, dogmas e cânones da modernidade sólida, o comunismo continuou até o fim num campo de batalha já evacuado por outras unidades do exército moderno – embora ele não pudesse (e de fato não tenha conseguido) sobreviver à morte da fase sólida. Na nova fase da modernidade, a fase "líquida", seria visto como uma curiosidade antiquada, uma relíquia de tempos passados, sem nada a oferecer às gerações nascidas e criadas numa nova era, sem uma réplica sensata a suas ambições, expectativas e preocupações profundamente modificadas.

Em sua fase original, "sólida", a modernidade era uma reação à crescente fragilidade e impotência do *ancien régime*. A separação entre o local de trabalho e o local de residência desferiu um golpe mortal naquele regime; como efeito de as atividades econômicas optarem por sair das residências e separar-se da densa rede de vínculos comunais e associativos em que a vida familiar estava embutida. Com a reconstituição das atividades produtivas e distributivas como um "negócio" puro e simples, livre das restrições comunais e daquelas ligadas às guildas, a reprodução espontânea, irrestrita, da trama de laços consuetudinária e tradicional que apoiava e sustentava o *ancien régime* começou a se dissolver.

A cisão dos "negócios" pegou de surpresa o *ancien régime*, despreparado para o desafio e evidentemente incapaz de enfrentá-lo. Confrontadas com os poderes recém-emancipados do capital, que pulverizava ou apenas colocava de lado e ignorava as regras do jogo reconhecidas ("derretendo tudo que é sólido e profanando tudo que é sagrado", como os dois jovens irascíveis da *Gazeta Renana*, Karl Marx e Friedrich Engels, a ele se refeririam com espanto e admiração), as instituições sociopolíticas do *ancien régime* revelavam-se abominavelmente impotentes. Não eram capazes de controlar, atenuar ou regular o avanço das novas forças, nem de conter (que dirá remediar) as devastadoras consequências, efeitos e "danos colaterais" deixados em seu rastro. Os "sólidos" existentes (ou seja, as formas de vida e convivência humana tradicionais, herdadas e arraigadas) foram desacreditados num duplo sentido: por não serem capazes de impor regularidade e previsibilidade às ações dos novos poderes;

nem de reduzir seu impacto socialmente danoso, muito menos resistir a ele de modo efetivo. Resumindo, o passado fracassou no teste do tempo, do qual emergiu bastante desacreditado. Tanto para os sofredores quanto para os espectadores, ficou claro que ele deveria ser queimado ou pulverizado – e que um novo local precisava ser logo limpo dos destroços para que um outro e magnífico edifício se erguesse. Daniel Bell resumiu de modo sucinto e pungente a essência desse "espírito moderno" ao dizer que "a insegurança do homem vai destruir seu passado e controlar seu futuro".[1] A modernidade nasceu com a intenção de apagar a herança, carregada e lastreada de contingências passadas, e de começar do zero. Quarenta anos mais tarde, Leonidas Donskis faria uma pergunta retórica:

> Não bastassem os projetos arquitetônicos de Le Corbusier e suas sugestões de eliminar da história todas as cidades existentes e suas antigas localidades, e de remover a tinta de telas que deveriam ser repintadas – essas grandes recomendações ganharam vida entusiasticamente pelas mãos dos modernizadores mais diligentes do mundo, os bolcheviques e os maoistas, não é verdade? Já não tivemos nosso quinhão de movimentos totalitários envolvidos na perseguição e destruição da arte?[2]

A destruição da arte. A nova arte como ato de destruição da antiga. A arquitetura, a pintura e outras das chamadas belas-artes apenas seguiam o exemplo, enquanto a modernidade mergulhava de cabeça na tarefa de recategorizar a totalidade da existência humana (quer individualmente, em grupo ou coletivamente) como uma obra de arte. Tudo na vida humana deveria ser construído, concebido e dado à luz de novo. Nada deveria ser excluído a priori, e nada o foi, da determinação humana de promover a remoção dos grilhões da história pelo expediente da "destruição criativa". E não havia nada que o potencial humano para a destruição criativa não pudesse varrer do caminho, refazer e reconstruir, ou exorcizar *ab nihilo*. Como Lênin mais tarde afirmaria com petulância e autoconfiança próprias da modernidade, não havia fortaleza que os bolcheviques não pudessem (e portanto, presumivelmente, não fossem) capturar.

A noção de "bancarrota do *ancien régime*" referia-se, na origem, à dilapidação e fragmentação do tecido social – e à desintegração da ordem social existente, que, na ausência de alternativas, era percebida como "a ordem como tal", a única alternativa ao caos e ao pandemônio. A modernidade era uma reação vigorosa e resoluta à decadência das estruturas reconhecidas e à desordem social resultante. O que às vezes é chamado, em retrospecto, de "projeto da modernidade" foi produto de esforços generalizados, no início dispersos e difusos, porém cada vez mais concentrados, coesos e convergentes, para reagir a uma queda iminente em direção ao caos. O que seria descrito, com o benefício de um olhar retrospectivo, como o "nascimento da modernidade" foi o impulso de substituir os "sólidos" de antanho, mofados e em putrefação acelerada, antiquados e inúteis, por outras estruturas sólidas, feitas sob medida – embora dessa vez, ao que se esperava, com uma qualidade bem aperfeiçoada; sólidos que se confiava serem mais sólidos e portanto mais fidedignos que seus desacreditados antecessores, pelo fato de terem sido *construídos com uma finalidade* e planejados de uma forma que os tornou resistentes a acidentes da história e talvez até imunes a quaisquer contingências futuras.

Em sua fase inicial, "sólida", a modernidade pôs-se a "estruturar" processos até então casuais, pouco coordenados e portanto insuficientemente regulares: construir "estruturas" e impô-las a processos aleatórios e contingentes operados por forças dispersas e à deriva, soltas, sempre fora de controle e muitas vezes furiosas ("estruturar" significa, em essência, a *manipulação de probabilidades*, tornar muito mais provável a ocorrência de alguns eventos, enquanto se reduz de modo significativo a probabilidade de outros). Em suma, a modernidade pôs-se a substituir os sólidos herdados que não conseguiram preservar a regularidade do ambiente humano por sólidos novos e aperfeiçoados, os quais, segundo se esperava, demonstrariam sua capacidade de gerar um estado de coisas ordenado, transparente e previsível. A modernidade nasceu sob o signo da "Certeza", e sob ele obteve suas vitórias mais espetaculares. Na fase "sólida" inicial, a modernidade foi vivenciada como uma *longa marcha rumo à ordem* – aquela "ordem" entendida como o domínio da certeza e do controle, e em particular da certeza de que os eventos até então irritantemente caprichosos seriam postos sob controle e assim permaneceriam, tornando-se, portanto, previsíveis e sujeitos ao planejamento.

Uma longa marcha seria esta, avaliada e marcada por descobertas científicas e invenções tecnológicas e destinada a eliminar, uma a uma, as causas da desordem de então, assim como os distúrbios do futuro. Reconhecidamente, essa marcha deveria ser prolongada, mas de modo algum interminável. A trajetória pela frente deveria conduzir a uma linha de chegada. A longa marcha rumo à certeza e ao tipo superior de segurança que só a certeza podia oferecer talvez fosse uma luta árdua, demorada e tortuosa, mas ainda seria um esforço pontual e uma realização para sempre. Havia o pressuposto tácito de que a contingência e a aleatoriedade, uma profusão de acidentes e a imprevisibilidade geral dos eventos eram anomalias; o afastamento em relação a normas bem-estabelecidas ou os efeitos da incapacidade humana de firmar uma "normalidade" visualizada, postulada e planejada como um estado de equilíbrio e regularidade. A tarefa era erguer e recolocar nos trilhos um mundo que havia descarrilado por falha de motor ou condutor, ou colocar os trilhos sobre um terreno mais sólido e resistente. O propósito da mudança era levar o mundo a um estado em que não haveria mais necessidade de mudança, o propósito do *movimento* era chegar a um *estado estável*. O objetivo do *esforço* era o estado de *descanso*, o do *trabalho duro*, o *lazer*.

Estudiosos das ciências sociais nascentes estavam ocupados, tal como os autores de utopias, na construção de modelos de um "estado estável" de sociedade e/ou de um sistema social autoequilibrável; o tipo de ambiente em que toda e qualquer mudança, para que pudesse acontecer, resultaria apenas de fatores externos e extraordinários, enquanto o dispositivo homeostático embutido na sociedade planejada faria o melhor para tornar essas mudanças redundantes. Havia (ou pelo menos era o que se acreditava) uma quantidade finita de problemas a enfrentar e resolver, de modo que, a cada problema solucionado, haveria menos um a ser atacado; havia muitas necessidades humanas desatendidas, desconsideradas e ansiando por se satisfazer, mas a cada necessidade satisfeita haveria menos uma – até que não restasse mais qualquer tarefa importante para estimular e justificar uma nova intensificação do suprimento de trabalho produtivo. *A missão do progresso era trabalhar para ficar desempregado.*

Todas essas crenças eram compartilhadas por qualquer um que refletisse sobre as expectativas históricas e a administração do futuro da humanidade. Ou melhor, todos esses pressupostos eram as ferramentas comuns do pensamento – ideias para se pensar "com", mas não "sobre"; dificilmente atingiam o nível da consciência para se tornar elas próprias objetos da reflexão crítica. Esses pressupostos interligavam-se num eixo em torno do qual giravam todos os outros pensamentos; ou esses pressupostos podiam ser percebidos como se constituíssem o campo no qual se travavam todas as lutas a respeito de ideias (ou pelo menos as lutas relevantes). O prêmio dessas lutas era a escolha do itinerário mais curto, menos dispendioso e menos desconfortável para o destino final do progresso; para uma sociedade em que todas as necessidades humanas fossem satisfeitas e todos os problemas que afligem os seres humanos e sua convivência fossem resolvidos. Uma sociedade de bem-estar universal e de vida confortável, com uma economia estabilizada num plano adequado à tarefa de fornecer ininterruptamente todos esses serviços.

Foi nesse contexto que se deu um confronto entre os dois "mapas rodoviários" opostos; ele entrou para a história como o conflito entre capitalismo e socialismo. Os defensores das duas concepções assumiram seriamente a moderna promessa tripartite de liberdade, igualdade e fraternidade – tal como assumiram o pressuposto da existência de um vínculo íntimo, inquebrantável, entre as três. Mas a variedade socialista repreendia e censurava os praticantes do capitalismo, em especial os partidários do laissez-faire, os mais radicais entre eles, por fazer muito pouco ou quase nada para concretizar essa promessa. Os socialistas acusavam a versão capitalista da modernidade do duplo pecado de esbanjamento e injustiça.

Esbanjamento: a caótica luta por lucros forçava a produção a exceder de maneira regular as necessidades e, assim, uma ampla parte do produto se encaminhava diretamente para os depósitos de lixo; o tipo de prodigalidade que poderia ser evitado – se a fábrica de lucros fosse desmontada, as necessidades avaliadas por antecedência e a produção planejada da forma adequada. Injustiça: a mão de obra explorada era sistematicamente expropriada do valor por ela criado e, portanto, de sua parte na riqueza da nação.

Ambos os males, dizia a acusação socialista, sem dúvida poderiam ser repelidos e talvez desaparecessem de todo, não fosse pela propriedade privada dos meios de produção, colocando a lógica da produção em oposição à lógica da satisfação das necessidades, segundo a produção de bens devia se orientar. Uma vez abolida a propriedade privada dos meios de produção, que tende a subordinar a produção de bens à lógica da obtenção de lucros, os dois males a acompanhariam em sua jornada rumo ao esquecimento, assim como a mórbida contradição entre a natureza social da produção e o gerenciamento privado de seus meios. Em sua forma marxista, previa-se a chegada do socialismo como resultado da revolução proletária. Cada vez mais furiosos por sua pauperização e indignidade permanentes, mais cedo ou mais tarde, os trabalhadores se rebelariam, impondo (justa e merecidamente) uma mudança das regras do jogo, a seu favor.

Com o passar dos anos, contudo, as expectativas de uma "revolução proletária" recuaram, parecendo cada vez mais remotas. O espectro da revolução, e a ascensão e o desenvolvimento de organizações eficazes de autodefesa entre os trabalhadores fabris, estimulou o Estado (visto como representação política da classe dos proprietários de fábricas) a impor limites aos apetites dos caçadores de lucros e às condições de trabalho desumanas, transformando o processo numa "profecia contestadora"; a "pauperização do proletariado" prevista não se materializou. Em vez disso, cresceram as evidências de trabalhadores que se acomodavam com satisfação ou relutância *dentro* da sociedade governada pelos capitalistas – e buscavam a melhoria de suas condições e a satisfação de seus interesses de classe dentro desse arcabouço. A tendência colocou as correntes históricas visíveis em flagrante oposição às expectativas que se seguiram à análise marxista. Essa contradição deveria ser explicada para que as expectativas que gerou pudessem ser salvaguardadas.

Na virada do século XIX para o século XX, buscou-se apresentar uma longa lista de explicações. Uma das mais comuns e que obteve muita influência foi a do suposto suborno da "burguesia trabalhadora", a parcela altamente qualificada e remunerada da força de trabalho industrial, que, graças a seus privilégios, havia desenvolvido interesses na preservação do status quo e conseguido controlar as organizações de trabalhadores, tanto os sindicatos quanto os nascentes partidos políticos, a serviço desses interesses. A teoria da "falsa consciência" – outra explicação, ainda mais influente – ia mais fundo, afirmando que o ambiente geral de uma sociedade capitalista impede que seus segmentos não privilegiados, carentes e discriminados percebam a verdade sobre sua própria condição, em particular as *causas* dessa condição, e a *possibilidade de escapar* dessa miséria.

Essas explicações circularam em numerosas versões com variados graus de sofisticação, todas elas, contudo, apontando para uma conclusão semelhante: havia pouca chance de uma "revolução proletária" ser deflagrada, conduzida e concluída com êxito *pelos próprios trabalhadores* (agora recategorizados como "as massas", em tom mais que desdenhoso). Lênin insistiria em que, deixado por conta de seus próprios recursos e conhecimentos, "o proletariado" só atingiria o nível da "mentalidade sindicalista";

os companheiros de viagem de Lênin no plano intelectual, somando à censura política seu próprio desprezo arrogante pelos "filisteus burgueses", acusavam "as massas" de apresentarem uma incapacidade e uma indisposição inatas para se erguer acima do nível de uma "cultura de massas" imbecilizante e entorpecente. Esse era o contexto (que se estendeu entre o final do século XIX e o início do século XX) em que nasceu o esquentado, impaciente e estouvado irmão caçula do socialismo moderno: aquele corpo de ideias e práticas que entrou para a história com o nome de "comunismo", tendo usurpado e monopolizado a denominação criada no *Manifesto comunista* de Marx e Engels, conferindo-lhe referentes que seus autores não pretendiam nem previam. A nova entidade nasceu como um produto conjunto da decepção com as "leis da história", da frustração causada pela evidente falta de progresso na "maturação" do proletariado para assumir o papel de força revolucionária e da crescente suspeita de que talvez o tempo "não estivesse do lado do socialismo"; de que, se fosse deixado com seu gerenciamento presente, o fluxo do tempo talvez tornasse a perspectiva de transformação socialista ainda mais distante e duvidosa, em vez de aproximá-la e torná-la inevitável.

Essa história preguiçosa deveria receber um estímulo poderoso, as massas sonolentas receberiam um forte impulso; uma consciência da necessidade histórica deveria ser trazida de fora para dentro dos lares proletários, onde era improvável que fosse concebida e viesse a nascer. Como era improvável que a revolução fosse iniciada *pelas* "massas", ela precisava ser realizada *para* elas por especialistas revolucionários – "revolucionários profissionais" –, que empregariam o poder de coerção do Estado, uma vez tendo-o assumido, para converter "a massa" numa força autêntica; e a estimulariam (educando, convencendo, encorajando ou, se necessário, coagindo) a desempenhar o papel histórico que se mostrava tão relutante (ou incapaz, ou apenas ignorante) em assumir. Isso poderia ser feito antes que a industrialização comandada pelos capitalistas tivesse conseguido erguer as massas exploradas pré-modernas à condição de classe trabalhadora.

48 Danos colaterais

Quando os revolucionários profissionais fossem treinados e adestrados para formar um partido revolucionário armado do conhecimento das "leis da história" e consolidado por uma disciplina férrea, o interlúdio capitalista – o exercício de "limpar o terreno" e "encher a bomba" conduzido pelo capital em terras camponesas, pré-modernas, situadas nas fronteiras do "mundo desenvolvido", como a Rússia czarista – poderia ser ignorado e omitido. Toda a estrada que levava à sociedade ideal, ordeira, livre de conflitos e à prova de contingências poderia ser cruzada, desde o início até a linha de chegada, segundo o conhecimento da "inevitabilidade histórica" e sob a supervisão, vigilância e liderança dos portadores desse conhecimento. Em suma, o comunismo, a versão de Lênin do socialismo, era a ideologia e a prática dos atalhos – sem importar seu custo.

Colocada em prática, essa ideia (assim como a estratégia empregada para concretizá-la) mostrou-se o que Rosa Luxemburgo, em sua disputa com Lênin, esperava que fosse: uma receita para a servidão. Nem mesmo ela, contudo, poderia imaginar a ampla escala de atrocidades, violências, crueldades, desumanidades e horrores desse exercício, assim como o volume do sofrimento humano daí resultante. Levada a um extremo jamais tentado em qualquer outro lugar, a moderna promessa de felicidade garantida por uma sociedade ordeira, racionalmente planejada e administrada, revelou-se uma sentença de morte à liberdade humana. Levada a um extremo nunca atingido em qualquer outro lugar, a sociedade, tratada por seus corpos governantes da forma como os jardins são vistos e cuidados pelos jardineiros, passou a concentrar-se em investigar, identificar, erradicar e exterminar, de modo compulsivo e coercivo, os equivalentes sociais das "ervas daninhas", ou seja, os seres humanos que não se ajustavam à ordem pretendida e, pela simples presença, reduziam a claridade, poluíam e rompiam a harmonia do plano.

Tal como em todos os jardins, também na sociedade humana transformada em jardim, os seres humanos sem convite – que se haviam fixado e estabelecido, como ervas daninhas, em toda sorte de lugares errados, já que não planejados; que haviam prejudicado a visão dos governantes sobre a harmonia final e lançado dúvidas sobre o domínio destes, transformados em jardineiros, sobre sua criação – estavam marcados para a destruição. Em vez de tornar mais próximos os prometidos confortos de uma convivência humana transparente, previsível e livre de acidentes, e portanto segura, a guerra declarada à desordem, contingência e impureza não parecia ter fim; enquanto prosseguia, produzia seus próprios e sempre novos *casus belli* e invocava sempre novas "ervas" ansiando por serem destruídas – e em ambos os casos numa profusão que mostrava pouca ou nenhuma tendência ao declínio.

Para resumir, o experimento comunista levou a um teste extremo, talvez derradeiro e conclusivo, a viabilidade da ambição moderna de pleno controle sobre o destino e as condições de vida dos seres humanos – ao mesmo tempo que revelou a enormidade dos custos humanos de se tentar concretizar essa ambição. Da mesma forma que o nascimento da versão comunista da modernidade era uma parte integral, talvez até de forma inevitável, da ascensão da "modernidade sólida", também sua implosão e decadência foram parte e parcela do declínio e desaparecimento dessa mesma era. O regime comunista compartilhou o destino da ambição sólido-moderna de substituir as realidades sociais herdadas por uma realidade planejada e feita sob medida para as necessidades humanas, supostamente calculáveis e com conveniência calculada.

A alternativa comunista foi concebida como uma escolha melhor por ser mais rápida e mais curta, uma trilha para uma corrida *cross-country* de obstáculos, sem tempo perdido, com o objetivo de eliminar a incerteza da condição humana. Foi abraçada como a forma mais segura de garantir o tipo de existência humana que se ajustaria ao ideal visualizado, sonhado e que, segundo a promessa, seria alcançado na incipiente fase "sólida" da era moderna. Embora sua pretensão de ser um caminho melhor tenha se mostrado no mínimo altamente questionável, a principal razão de sua queda e derrota final, contudo, a principal razão de sua morte, foi uma guinada até então imprevista: a dissipação, o desaparecimento e, a longo prazo, até a rejeição explícita do alvo pelo qual o grau de sucesso de todo o exercício deveria ser avaliado. *O toque de finados do experimento comunista foi soado pelo ingresso da modernidade em sua fase "líquida".*

O confronto e a competição direta entre as alternativas comunista e capitalista de modernidade faziam sentido enquanto (mas *apenas* enquanto!) o motivo da rivalidade, ou seja, a satisfação da soma total de necessidades humanas que se acreditava ser finitas, estáveis e calculáveis, continuava a ser compartilhado pelos dois concorrentes. Mas no estágio líquido da modernidade o capitalismo optou por abandonar a competição: em vez disso, apostou na potencial *infinitude* dos desejos humanos, e seus esforços têm-se concentrado desde então em alimentar seu crescimento infinito; em desejos desejando mais desejos, não sua satisfação; em multiplicar em vez de reduzir oportunidades e escolhas; em afrouxar, e não em "estruturar" o jogo de probabilidades.

De modo correspondente, a tarefa de fundir e reclassificar as realidades existentes deixou de ser uma realização única e definitiva para se transformar numa condição humana persistente e, ao que se presume, permanente – tal como a interação entre ligar e desligar se transformou na modalidade existencial permanente da "formação de redes sociais" que substituiu a "estruturação social". Mas, para as tarefas de servir à forma de vida líquido-moderna, o conceito de sociedade comunista, como um todo, era mal preparado e eminentemente desajustado, da mesma forma que as instituições desenvolvidas para atender às preocupações de construção da ordem da "modernidade sólida" eram inadequadas para servir à encarnação "líquida" da modernidade. A nova condição tornou antiquados e redundantes os objetivos e os meios herdados da pré-história "sólida" da modernidade líquida; mais que isso, tornou-os contraproducentes.

A questão de por quanto tempo a competição entre as duas versões da modernidade teria prosseguido se ambas se tivessem mantido fiéis à fé e aos preceitos "sólido-modernos" permanece

Um réquiem para o comunismo 51

em aberto e talvez não possa ser respondida. A monotonia e a insipidez da vida sob um regime que usurpava o direito e reivindicava para si a autoridade de decretar o tamanho e o conteúdo das necessidades humanas (Agnes Heller et al. caracterizaram de forma memorável o comunismo como uma "ditadura sobre as necessidades",[3] enquanto o autor satírico russo Vladimir Voinovich visualizou os moradores de uma futura Moscou comunista como homens e mulheres que começavam cada dia ouvindo o anúncio oficial com o decreto determinando qual deveria ser o tamanho de suas necessidades naquele dia[4]) eliminaram esse regime do concurso de beleza em que ele competia com um bazar capitalista cada vez mais colorido e sedutor, de maneira mais segura que qualquer outro delito ou deficiência. Com o advento da fase líquida da modernidade, a queda do comunismo se tornou uma conclusão antecipada.

Queda... Será que isso significa morte? Retirada irreversível? O fecho derradeiro, definitivo, de um episódio histórico que morre sem deixar testamento, sem prole nem herança, exceto uma advertência contra atalhos, caminhos mais fáceis e políticas do tipo "nós sabemos o que é bom para vocês"? Isso, porém, continua em aberto – já que a substituição da modernidade "sólida" pela "líquida", não sendo pura e simplesmente um melhoramento nem tampouco uma bênção inequívoca, pode revelar-se outra coisa que não uma guinada irrevogável da história. As atrocidades e sofrimentos que costumavam empestear a fase "sólida" são agora, graças a Deus ou à história, coisa do passado.

Mas outras atrocidades e sofrimentos, antes desconhecidos ou só vagamente intuídos, logo emergiram para assumir seu lugar na lista de queixas e discordâncias. Para nossos contemporâneos, os novos tormentos podem parecer tão repulsivos como as dores sofridas por seus ancestrais – dores que nossos contemporâneos podem depreciar, desprezar e rejeitar por não terem sido vivenciadas pessoalmente por eles. Deve-se também observar que (tomando de empréstimo uma expressão de Jürgen Habermas) o "projeto comunista" permaneceu até hoje irreali-

52 Danos colaterais

zado. Muitos dos aspectos chocantes, revoltantes e imorais da condição humana que tornaram esse projeto tão atraente aos olhos de milhões de cidadãos da "modernidade sólida" (como distribuição de renda injusta, pobreza generalizada, fome, humilhação e negação da dignidade humana) continuam entre nós, se não de forma ainda mais gritante, pelo menos como estavam duzentos anos atrás; continuam a crescer em volume, força, horror e repugnância.

Na Índia, por exemplo, joia reluzente da coroa líquido-moderna, país universalmente apontado como um dos mais magníficos exemplos de potencial humano libertado e liberado pelo novo ambiente líquido-moderno, meia dúzia de prósperos bilionários convive com cerca de 250 milhões de pessoas forçadas a sobrevir com menos de US$ 1 por dia; 42,5% das crianças com menos de cinco anos sofrem de desnutrição; 8 milhões delas estão sujeitas a uma fome aguda, severa, contínua e incapacitante, que as deixa física e mentalmente atrofiadas; 2 milhões delas morrem a cada ano por esse motivo.[5] Mas a pobreza, com a humilhação e a falta de perspectivas, é uma dedicada companheira de viagem; ela persiste não apenas em países cuja pobreza, miséria e desnutrição são conhecidas desde tempos imemoriais, mas está tornando a visitar terras das quais parecia ter sido expulsa e banida de uma vez por todas, sem direito de retorno.

Na Grã-Bretanha, por exemplo, em 2009, 14 mil crianças a mais que no ano anterior ganharam direito a refeições grátis na escola, na tentativa de atenuar o resultado da desnutrição causada pela pobreza. Desde a terceira vitória eleitoral de Tony Blair, 10% das famílias mais pobres viram seus rendimentos caírem £ 9 por semana, enquanto os 10% mais ricos obtiveram um aumento médio de £ 45 semanais.[6] O que está em jogo no caso da desigualdade é muito mais que apenas a fome e a escassez de comida – apesar da dor que estas causam a suas vítimas.

Hoje sabemos ainda mais sobre as múltiplas consequências destrutivas da desigualdade humana do que sabiam as pessoas

Um réquiem para o comunismo   53

quando ficaram impacientes com as inanidades do gerenciamento capitalista e se juntaram aos partidos comunistas a fim de acelerar sua reparação. Sabemos, por exemplo, que nas sociedades mais desiguais do planeta, como Estados Unidos ou Grã-Bretanha, a incidência de doenças mentais é três vezes mais elevada que entre os últimos colocados na liga da desigualdade; os dois países também estão no topo da lista em matéria de população prisional, obesidade, adolescentes grávidas e (apesar de toda a riqueza abrangente!) taxas de mortalidade para *todas* as classes sociais, incluindo os estratos mais ricos. Embora o nível geral de saúde, em geral, seja mais elevado nos países mais ricos, entre países com igual nível de riqueza as taxas de mortalidade caem quando aumenta a igualdade social. Uma descoberta realmente surpreendente é que os níveis crescentes das despesas relacionadas especificamente à saúde quase não têm impacto sobre a expectativa média de vida – mas um nível crescente de desigualdade tem esse impacto, que é muito negativo.

A lista de "males sociais" reconhecidos que atormentam as "sociedades desenvolvidas" é longa; e, a despeito de todos os esforços em contrário, autênticos ou supostos, está aumentando. Além das aflições já mencionadas, contém itens como homicídios, mortalidade infantil, níveis crescentes de problemas mentais e emocionais, uma retração ou redução dos suprimentos de ajuda mútua sem os quais a coesão e a cooperação sociais são inconcebíveis. Em cada caso, os números se tornam menos alarmantes quando saímos de sociedades mais desiguais para menos desiguais; às vezes as diferenças entre sociedades com altos e baixos níveis de desigualdade são surpreendentes.

Os Estados Unidos estão no topo da liga da desigualdade, o Japão, na base. Nos Estados Unidos, quase quinhentas pessoas em cada 100 mil estão na cadeia; no Japão, menos de cinquenta. Nos Estados Unidos, ⅓ da população padece de obesidade; no Japão, menos de 10%. Nos Estados Unidos, de cada mil mulheres entre quinze e dezesseis anos, mais de cinquenta estão grávidas; no Japão, apenas três. Nos Estados Unidos, mais de ¼ da população sofre de doenças mentais; no Japão, cerca de 7%. No Japão, Espanha, Itália e Alemanha, sociedades com uma distribuição de riquezas relativamente mais equitativa, uma em cada dez pessoas relata um problema de saúde mental – contra uma em cinco nos países mais desiguais, como Grã-Bretanha, Austrália, Nova Zelândia ou Canadá.

Tudo isso são estatísticas: somas, médias e suas correlações. Dizem pouco sobre as conexões causais entre essas correlações. Mas estimulam a imaginação. E fazem soar um alerta. Apelam à consciência *e também* aos instintos de sobrevivência. Desafiam nossa apatia ética e nossa indiferença moral; mas também mostram, além da dúvida razoável, que a ideia de busca da vida boa e da felicidade como tema autorreferenciado, que cada indivíduo deveria realizar por sua própria conta, é mal concebida; que a esperança de que uma pessoa possa "fazê-lo sozinha" é um erro fatal que desafia o próprio objetivo da preocupação e do cuidado consigo mesmo. Não podemos nos aproximar desse objetivo enquanto nos distanciamos dos infortúnios de outras pessoas.

Há razões poderosas para celebrar o aniversário da queda do comunismo. Mas também há razões poderosas para fazer uma pausa e pensar, e pensar novamente, sobre o que aconteceu à criança quando a água do banho foi derramada da banheira. Essa criança está chorando, chorando para chamar nossa atenção.

· 3 ·

O destino da desigualdade social em tempos líquido-modernos

Em 1963-64, Michel Crozier publicou (primeiro em francês, depois em inglês) *The Bureaucratic Phenomenon*, resultado de seu profundo estudo sobre a vida interna das grandes organizações empresariais.[1] Em tese, seu foco era a aplicabilidade do "tipo ideal de burocracia" weberiano, à época o paradigma inquestionável dos estudos organizacionais. A principal descoberta de Crozier, contudo, não foi a presença de uma, mas de várias e diferentes "culturas burocráticas" nacionais, cada qual profundamente influenciada pelas peculiaridades sociais e culturais de seu país. Crozier acusou Weber de menosprezar essas idiossincrasias culturais que limitavam a universalidade de seu modelo. Eu sugeriria contudo que, embora sua ênfase sobre peculiaridades condicionadas pela cultura possa ter sido pioneira, a descoberta plena e notável de Crozier foi feita no curso da revelação e codificação das estratégias empregadas pelos detentores de cargos burocráticos, que ele acusou de se afastarem do modelo teórico de Weber, minando sua validade.

Crozier produziu uma crítica "imanente", por assim dizer, de Weber, conduzida à sombra da visão de Weber e a partir de sua perspectiva: aceitava tacitamente o pressuposto weberiano de que a burocracia foi a principal encarnação da ideia moderna de "ação racional legal", e de que a "racionalização" constituía o único propósito da burocracia moderna. Também aceitava o postulado de Weber de que esse propósito, e apenas ele, era capaz de fornecer a chave da lógica das práticas burocráticas e de seus requisitos. Em seu tipo ideal, Weber retratou a burocracia moderna como uma espécie de "fábrica de conduta racional", compreendida como uma conduta orientada pela busca dos melhores meios para atingir objetivos já dados. Se o objetivo da organização burocrática era a tarefa que lhe confiaram e incumbiram de executar, então sua estrutura e procedimentos podiam ser explicados pelo papel que desempenhavam e foram planejados para desempenhar no que se refere a procurar, decifrar e seguir ao pé da letra os métodos "mais racionais" de realizar essa tarefa; ou seja, aqueles que fossem os mais eficientes, menos custosos e mais adequados para minimizar o risco de erro – e neutralizar ou eliminar de seus agentes todo e qualquer outro interesse, lealdade e motivo heterogêneos e heteronômicos que pudessem competir e interferir nesse papel.

Mas, como Crozier descobriu, as organizações burocráticas francesas da amostra que estudou mais pareciam "fábricas de comportamento *irracional*" – o significado de "irracionalidade", nesse caso, é um derivado, por refutação, da compreensão weberiana de "racionalidade". Em termos do modelo de Weber (abstrato, mas supostamente fiel) a prática da burocracia nas organizações francesas, como descobriu Crozier, gerava um grande volume de "disfunção" – novamente um conceito que depende da agenda de Weber, já que era explicado como um conjunto de fatores contrários à versão weberiana de "comportamento racional", ou seja, ao primado inquestionável da realização de objetivos sobre todas as outras considerações. O que Crozier descobriu foi que, em vez de concentrar seu tempo e energia na realização da tarefa declarada, o pessoal da repartição gastava grande parte deles em atividades irrelevantes para essa tarefa, ou em ações que dificultavam sua concretização ou chegavam a impossibilitá-la. A principal disfunção que descobriu e registrou foi a luta intergrupal por poder, influência e privilégio.

Essa luta interna por poder era endêmica nas organizações que Crozier estudou: cada categoria de funcionários buscava mais poder para si e tentava garanti-lo utilizando as regras formais em proveito próprio, aproveitando brechas nos estatutos ou recorrendo a expedientes informais, não relacionados entre as regras organizacionais, ou até explicitamente proibidos. Ao tentar explicar um desvio especificamente francês, influenciado pela cultura, em relação ao modelo ideal de vocação e prática compulsiva e obsessivamente "racionalizantes" da burocracia moderna, Crozier, em minha visão – como se seguisse o apelo de William Blake a "ver o Universo num grão de areia –, descobriu e documentou a estratégia universal de *toda e qualquer luta pelo poder*, o processo pelo qual a desigualdade de poder – essa "mãe de todas as desigualdades" – é gerada e institucionalizada.

Tal estratégia, como aprendi com Crozier, consiste, sempre e em qualquer lugar, na *manipulação da insegurança*. A incerteza, causa principal da insegurança, é de longe o mais decisivo instrumento do poder – na verdade, sua própria substância. Como disse o próprio Crozier, quem quer que esteja "próximo das fontes de incerteza" é aquele que manda. Isso se dá porque quem se encontra na extremidade receptora da incerteza (quem é confrontado por um adversário cujos movimentos não podem ser previstos e desafiam as expectativas) está incapacitado e desarmado em seus esforços de resistir e reagir à discriminação. Grupos ou categorias com opções limitadas ou sem opção alguma, e por isso forçados a seguir uma rotina monótona e inteiramente previsível, não têm chance, na luta pelo poder, com protagonistas dotados de mobilidade e livre-arbítrio (além de um pródigo suprimento de opções, portanto, essencialmente imprevisíveis). Essa é a luta do flexível contra o fixo; os grupos *flexíveis*, aqueles que dispõem de muitas opções, são fonte constante de uma incerteza incapacitante (e portanto de um sentimento de insegurança avassalador) para aqueles fixados na rotina – enquanto os flexíveis não precisam acrescentar os possíveis movimentos e reações dos *fixos* diante do risco a suas próprias posições e perspectivas.

Dentro da organização, portanto, uma categoria de funcionários luta para impor à outra, que deseja subordinar, um código de comportamento detalhado e abrangente, voltado idealmente para regular a conduta dos grupos que ele assim "fixa" e tornar esse comportamento previsível; enquanto isso, ela se esforça por manter suas próprias mãos (e pernas) livres, de modo que seja impossível antecipar seus movimentos, e que estes continuem a desafiar os cálculos e previsões da categoria marcada para a subordinação. Lembrando que a ideia de "estruturação" pode ser traduzida como manipulação das probabilidades (ou seja, tornar alguns eventos altamente prováveis enquanto se reduz a probabilidade de outros), podemos dizer que *a principal estratégia de toda e qualquer luta por poder consiste em estruturar a condição do adversário enquanto se "desestrutura", se desregula, a própria.* O que buscam os adversários numa luta por poder é deixar seus atuais ou potenciais subordinados sem outra escolha a não ser aceitar humildemente a rotina que seus atuais ou potenciais superiores estabeleceram ou pretendem impor. Se de fato aceitarem essa rotina, seu comportamento se tornará uma "constante", uma variável sem risco, não mais fonte de incerteza, portanto, algo sem importância para seus superiores no que se refere a calcular seus próprios movimentos.

Há limites "naturais" à liberdade de escolha de que desfrutam até os mais livres dos grupos que buscam o poder e nele se sustentam – limites impostos pelo ambiente social e econômico em que operam, e pela substância de sua operação; limites que continuam imunes mesmo aos estratagemas mais inteligentes e engenhosos, e, portanto, quase insuperáveis. Os ambientes em que se trava a luta pelo poder passaram por uma drástica e radical transformação com a transição da fase inicial, "sólida", para a atual fase "líquida" da era moderna.

Cercado por jornalistas que lhe indagavam os motivos de sua súbita decisão de desafiar as práticas empresariais mais comuns da época, dobrando os salários de seus empregados, Henry Ford, numa frase famosa, retrucou com inteligência que o fizera

O destino da desigualdade social... 59

para possibilitar que os empregados comprassem os carros que ele vendia. Na verdade, contudo, sua decisão foi estimulada por uma consideração realista e racional: embora os empregados dependessem dele para a subsistência, Ford, por sua vez, dependia deles (a mão de obra disponível no local, os únicos operadores que podia usar para manter funcionando a linha de montagem) para sua riqueza e poder. A dependência era *mútua*. Em função da magnitude e da fixidez de seu tipo de riqueza e poder, Ford não tinha muita escolha senão manter sua força de trabalho, já controlada e disciplinada, dentro de sua fábrica, em vez de deixar que fosse atraída por melhores ofertas dos concorrentes.

Ao contrário de seus descendentes, um século depois, Henry Ford não teve direito à "arma da insegurança", a opção final de levar sua riqueza para outros lugares – lugares repletos de pessoas prontas a sofrer sem reclamar qualquer regime fabril, ainda que cruel, em troca de qualquer salário para o sustento, ainda que miserável; tal como sua força de trabalho, o capital de Ford era "fixo" no lugar; estava afundado sob um maquinário pesado e volumoso, trancado dentro dos muros altos da fábrica. O fato de aquela dependência ser mútua (e de os dois lados estarem destinados a ficar juntos por um longo tempo) era um segredo público de que os dois lados tinham plena consciência.

Confrontados com essa estreita interdependência, cuja expectativa de vida era tão longa, os dois lados, cedo ou tarde, tiveram de chegar à conclusão de que era de seu interesse elaborar, negociar e observar um modus vivendi; ou seja, um modo de coexistência que incluiria a aceitação voluntária de limites inevitáveis à sua própria liberdade de manobra, e também o ponto até o qual o outro lado no conflito de interesses poderia e deveria ser pressionado. A única alternativa aberta a Henry Ford e seus admiradores, seguidores e imitadores, em número cada vez maior, seria equivalente a cortar o galho em que estavam aninhados, ao qual estavam amarrados, da mesma forma que os empregados às suas bancadas, e de onde não poderiam se mudar para lugares mais convidativos e confortáveis.

Transgredir os limites estabelecidos pela interdependência significaria destruir as fontes de sua própria riqueza; ou exaurir depressa a fertilidade do solo em que as riquezas haviam crescido (e se esperava que continuassem a crescer), ano após ano, para o futuro e talvez para sempre. Para resumir, havia limites ao grau de desigualdade que o capital era capaz de suportar. *Os dois lados do conflito tinham interesse em evitar que a desigualdade fugisse ao controle.*

Em outras palavras, havia limites "naturais" à desigualdade; os principais motivos pelos quais a profecia de Karl Marx, da "pauperização absoluta do proletariado", se tornou autorrefutável, e a principal razão pela qual a introdução do Estado social, um Estado que cuidava para manter a mão de obra em condições de prontidão para o emprego, virou um tema não partidário, "além de direita e esquerda". Também foram as razões pelas quais o Estado precisava proteger a ordem capitalista das consequências suicidas de permitir que as predileções mórbidas dos capitalistas – a rapacidade e a busca do lucro rápido – continuassem sem controle; e também de ele agir de acordo com essa necessidade ao introduzir salário mínimo ou limites à jornada de trabalho diurna e noturna, assim como a proteção jurídica dos sindicatos e outras armas de autodefesa dos trabalhadores. Foi por essas razões que se conteve – ou, para usar a expressão atual, "transformou-se em negativo" – o alargamento do fosso que separava ricos e pobres. Para sobreviver, a desigualdade precisava inventar a arte da limitação. E o fez, e a praticou, ainda que aos trancos e barrancos, por mais de um século. Em suma, esses fatores contribuíram para a reversão da tendência (ainda que parcial) à atenuação do grau da incerteza que assombrava as classes subordinadas e, portanto, para um relativo aumento das capacidades e oportunidades dos grupos engajados no jogo da incerteza.

Esses eram os fatores "macrossociais" que decidiam a extensão e as tendências de desenvolvimento da edição moderna da desigualdade, bem como as perspectivas da guerra que contra

O destino da desigualdade social... 61

ela se travava. Eles eram complementados pelos fatores microssociais já mencionados, operando em cada um dos campos de batalha de uma só fábrica, em que se dava a guerra à desigualdade. Em ambos os níveis, contudo, a incerteza era sempre a principal arma da luta pelo poder, e a manipulação das incertezas era a principal estratégia dessa luta.

No fim da década de 1930, num livro adequadamente intitulado *The Managerial Revolution*, James Burnham sugeriu que os gerentes (de início contratados pelos proprietários das máquinas e instruídos a adestrar, disciplinar e supervisionar os operadores dessas máquinas e obter o máximo de esforço da força de trabalho) haviam tirado o verdadeiro poder de seus empregadores – enquanto os proprietários se haviam transformado aos poucos em acionistas. Os gerentes haviam sido contratados e pagos por seus serviços porque a supervisão diária de trabalhadores sujos, não muito dispostos e ressentidos era incumbência complicada e incômoda, tarefa que os proprietários das fábricas industriais e de suas máquinas não gostavam de executar; e estavam dispostos a pagar generosamente para se livrar dela.

Não admira que os proprietários usassem as riqueza para comprar os serviços que os livrassem dessa carga indesejada e ingrata. Como se soube depois, contudo, a função de "gerenciamento" – forçar ou induzir outras pessoas a seguir placidamente uma rotina monótona e estupefaciente, e a fazer, dia após dia, algo que prefeririam não fazer, transformar coerção gerencial em boa disposição para o trabalho, necessidades neles impingidas em termos de traços de caráter – era o verdadeiro poder, o poder que em última instância contava. Os gerentes contratados transformaram-se em chefes autênticos. O poder estava agora nas mãos daqueles que administravam as "relações de produção", as ações de outras pessoas, e não mais daqueles que detinham os "meios de produção". Os gerentes transformaram-se nos verdadeiros detentores do poder, uma guinada que Karl Marx, em sua visão do iminente confronto entre capital e trabalho, não havia previsto.

No sentido original, tal como foi transmitido no tempo em que se concebeu o ideal do processo industrial segundo o padrão de uma máquina homeostática passando por movimentos pré-planejados e estritamente repetitivos, e mantida num curso constante, imutável, gerenciar era de fato uma tarefa pesada. Exigia uma arregimentação meticulosa e uma vigilância estrita, contínua, no estilo pan-óptico. Demandava a imposição de um regime monótono, que entorpecia os impulsos criativos tanto de gerentes quanto de gerenciados. Gerava enfado e um ressentimento que sempre aflorava, ameaçando transformar-se em conflito aberto. Era também uma forma dispendiosa de "fazer com que as coisas sejam feitas": em vez de colocar o potencial não arregimentado da mão de obra empregada a serviço do trabalho, usava recursos preciosos para reprimi-la e mantê-la afastada da desordem. No geral, o gerenciamento no dia a dia não era o tipo de tarefa de que pessoas com recursos, pessoas no poder, gostassem e que apreciassem: elas não a desempenhariam um minuto a mais que o necessário. Dados os instrumentos de poder de que dispunham, não se pode esperar que prolongassem esse minuto por muito tempo. E não prolongavam.

A atual "Grande Transformação Parte 2" (tomando de empréstimo a memorável expressão de Karl Polanyi), a emergência da louvada e bem-vinda "economia da experiência", baseada na totalidade dos recursos da personalidade dos indivíduos, com todas as suas idiossincrasias, assinala que chegou esse momento de "emancipação dos gerentes em relação ao fardo do gerenciamento". Usando termos de James Burnham, seria possível descrevê-la como "Revolução Gerencial Parte 2", embora, como ocorre nas revoluções, não houvesse grandes mudanças no que se refere aos detentores das posições de poder.

O que ocorreu – o que está ocorrendo – é mais um golpe de Estado que uma revolução: uma proclamação a partir do topo, dizendo que o velho jogo foi abandonado e novas regras estão em vigência. Pessoas que começaram a revolução e ficaram com ela até o triunfo permaneceram na direção – e se estabeleceram em seus cargos de modo ainda mais seguro que antes. A revolução foi deflagrada e conduzida para aumentar seu poder, ampliar ainda mais seu controle e imunizar sua dominação contra o ressentimento e a rebelião que a forma por estes assumida provocava no passado, antes da revolução. Desde a segunda revolução gerencial, o poder dos gerentes tem se reforçado e quase se tornou invulnerável, o que se obteve eliminando-se a maioria das condições restritivas e inconvenientes.

Durante a segunda revolução, os gerentes baniram a busca da rotina e convidaram as forças da espontaneidade a ocupar as agora vazias salas dos supervisores. Estas se recusaram a exercer a gerência e, em vez disso, exigiram dos residentes, sob ameaça de despejo, o direito de autogerenciamento. O direito de ampliar seu contrato de arrendamento residencial foi submetido a uma competição recorrente; após cada round, o mais espirituoso e aquele com melhor desempenho ganhariam o próximo termo de arrendamento, embora isso não fosse garantia (nem mesmo aumentasse a probabilidade) de que emergissem ilesos do próximo teste. Nas paredes da sala de banquetes da "economia da experiência", a lembrança de que "você é tão bom quanto seu último sucesso" (mas não quanto o penúltimo) substitui a inscrição "*Mene, Tekel, Upharsin*" ("Contado, pesado, alocado"). Favorecendo a subjetividade, a jocosidade e a performance, as organizações da era da "economia da experiência" precisavam e desejavam proibir (e de fato proibiram) o planejamento de longo prazo e a acumulação de méritos. Isso pode manter os residentes sempre ocupados e em movimento – na busca frenética de novas evidências de que continuam a ser bem-vindos.

Nigel Thrift, um dos mais perspicazes analistas das elites empresariais contemporâneas, observou uma notável mudança no vocabulário e no arcabouço cognitivo que distingue os novos capitães da indústria, do comércio e das finanças, em particular os mais bem-sucedidos, as pessoas que "dão o tom" e estabelecem o padrão de conduta a ser seguido pelos membros de menor escalão ou pelos ainda aspirantes.[2] Para transmitir as regras de suas estratégias e a lógica de suas ações, os líderes empresariais contemporâneos não falam mais em "engenharia" (noção que implica uma divisão ou justaposição entre os que desempenham a função de "engenheiro" e os que são objeto desse desempenho), como o faziam seus avós e até seus pais, mas de "culturas" e "redes", "equipes" e "coalizões" – e "influências", em lugar de controle, liderança ou, nesse sentido, gerenciamento.

Em oposição aos conceitos hoje abandonados ou evitados, todos esses novos termos passam a mensagem de volatilidade, fluidez, flexibilidade e curta duração. As pessoas que empregam essas palavras estão à procura de agregados de vínculos frouxos (alianças, colaborações, coabitações, equipes ad hoc) que possam ser reunidos, dispensados e de novo reunidos segundo as circunstâncias – de uma hora para outra ou sem aviso. É o tipo de ambiente de ação fluido que mais se ajusta à sua percepção do mundo circundante como "múltiplo, complexo e em rápido movimento, e, portanto, 'ambíguo', 'vago', e 'plástico', incerto, paradoxal, até caótico". As organizações empresariais de hoje (se é que ainda se permite usar esse nome, cada vez mais um "termo zumbi", como diria Ulrich Beck) tendem a incluir um considerável elemento de *des*organização embutido dentro de si. Quanto menos sólidas e mais prontas a alteração, melhor.

Os gerentes evitam a "ciência da administração", que sugere regras de conduta estáveis e permanentes. Como tudo mais neste mundo líquido, qualquer sabedoria e todo know-how tendem a envelhecer depressa, a esgotar e exaurir as vantagens que antes ofereciam; de modo que há uma recusa de aceitar o conhecimento estabelecido, uma indisposição a se orientar segundo precedentes, uma inquietante suspeita quanto ao valor da sabedoria oriunda da experiência na busca de eficiência e produtividade. Em vez disso, os gerentes "escaneiam a rede de possibilidades", livres para fazer uma pausa sempre que a oportunidade pareça bater às suas portas, e livres para tornar a se mover quando a oportunidade começar a bater em outros lugares. Estão ávidos por participar do jogo da incerteza; buscam o *caos*, e não a *ordem*. Para espíritos voláteis e aventureiros, tanto quanto para corpos fortes e hábeis, o caos oferece mais chances e alegria. De modo que o que desejam ouvir de seus conselheiros é como reciclar e reabilitar os recursos antes destinados aos depósitos de lixo; ou seja, como tornar a desenvolver habilidades antes desprezadas (como os impulsos emocionais, antes descartados como "irracionais"), e deixar vir à tona capacidades antes reprimidas – e de que agora sentem muita falta os condenados a nadar em águas turbulentas.

Pode-se explicar o fenômeno dos gerentes que se afastam de seu antigo caso de amor pela ordem, pela rotina, pela ordem rotineira e pela rotina ordeira; em vez disso, se apaixonam pelo caos e a incerteza crônica, como um ajuste prudente (ou "racional") às condições do tipo de globalização hoje praticado, notável por menosprezar o potencial valor defensivo do espaço, ao ignorar toda e qualquer linha Maginot e demolir todo e qualquer Muro de Berlim (dos quais se costumava esperar que protegessem os oásis da ordem da invasão da incerteza). Ou se pode insistir, em vez disso, que a revolução atual em matéria de filosofia gerencial é ela mesma a causa primeira, e não um efeito, dessa globalização.

Em vez de entrar nesse debate sem futuro sobre a primazia do ovo ou da galinha, eu prefiro sugerir que o novo ambiente global e os novos padrões de comportamento estão intimamente inter-relacionados e agora se tornaram complementos necessários um do outro; como resultado, as barreiras institucionais capazes de impedir que as forças promotoras da desigualdade rompam os limites "naturais" dessa condição, com todas as suas consequências desastrosas, de fato suicidas, não estão mais lá, pelo menos no momento. Mesmo que ainda não tivessem sido derrubadas, as barreiras erigidas no passado para esse fim têm se mostrado inadequadas diante da nova tarefa. Na época em que foram planejadas, não se destinavam a confrontar o atual volume de incerteza, aparentemente alimentado por fontes globais prolíficas e inexauríveis, que não são mais fáceis de controlar com os instrumentos políticos disponíveis que a fonte de óleo cru contaminando o golfo do México e redondezas com a tecnologia até então disponível.

Em suma, a nova filosofia gerencial é a da *desregulamentação* abrangente: desmembrar os padrões de procedimento firmes e rígidos que a burocracia moderna procurou impor. Em vez de mapas, ela prefere calidoscópios, e o tempo pontilhista em vem do linear. Situa a intuição, o impulso e os estímulos do momento acima do planejamento e dos projetos meticulosos. Práticas iluminadas e inspiradas por essa filosofia resultam na transformação da incerteza, antes vista como perturbação temporária e transitória – que, mais cedo ou mais tarde, tendia a ser afastada da condição humana –, no atributo ubíquo, indiscutível e irremovível dessa condição, na verdade procurada e bem-vinda pelo público, ainda que não de modo aberto. Por conseguinte, as chances em favor dos que estão "perto das fontes de incerteza", e contra aqueles situados na extremidade receptora da mesma incerteza, têm-se multiplicado de forma radical.

Os esforços para reduzir o hiato, atenuar a polarização das oportunidades e a discriminação resultante é que agora se tornaram marginais e transitórios; tornaram-se muitíssimo ineficazes, impotentes, no que se refere ao aumento descontrolado da fortuna e da miséria como dois polos do eixo de poder atual. São afligidos por um déficit crônico do poder de agir e fazer as coisas, enquanto o poder continua a ser acumulado e estocado pelas forças que pressionam na direção contrária. Os governos dos Estados em vão buscam remédios locais para as privações e misérias globalmente produzidas – tal como os indivíduos por decreto do destino (leia-se: pelo impacto da desregulamentação) em vão buscam soluções individuais para os problemas socialmente fabricados da vida.

"A desigualdade entre os indivíduos no mundo é assombrosa", afirma Branko Milanovic, principal economista do Banco Mundial. "No início do século XXI, os 5% mais ricos da população recebem ⅓ da renda global total, a mesma proporção que os 80% mais pobres." Embora alguns países pobres estejam se emparelhando com o mundo abastado, as diferenças entre os indivíduos mais ricos e mais pobres do planeta são enormes e parecem crescer. Nas palavras do relatório das Nações Unidas de 2005 sobre desigualdade mundial, "seria impossível para os 2,8 bilhões de pessoas vivendo com menos de US$ 2 diários igualar algum dia os níveis de consumo dos ricos". Nele se diz que, apesar do considerável crescimento econômico ocorrido em algumas regiões, a desigualdade global tem crescido nos últimos dez anos, e as "nações ricas são as principais beneficiárias do desenvolvimento econômico". Sob condições de desregulamentação das movimentações de capital em âmbito planetário, o crescimento econômico não se traduz em crescimento da igualdade. Pelo contrário: é um dos principais fatores de enriquecimento dos ricos e de crescente pauperização dos pobres.

Em 2008, Glenn Firebaugh assinalou: "Há o reverso de uma tendência prolongada, de uma desigualdade crescente entre as nações e uma desigualdade constante ou menor dentro delas, para um declínio da desigualdade entre as nações e um crescimento da desigualdade dentro delas. Essa é a mensagem de meu livro de 2003, *The New Geography of Global Income Inequality*" – mensagem que se tem confirmado desde então.[3] As descobertas de Firebaugh estão de acordo com o arcabouço aqui esboçado para aprender e explicar as tendências e perspectivas contemporâneas da desigualdade social. Só podemos afirmar, seguindo Crozier, que "aqueles situados na fonte da desigualdade dominam" e evidentemente obtêm enormes ganhos de seu domínio inconteste.

O capital, flutuando livre no "espaço de fluxos" global (como Manuel Castells adequadamente o denominou, numa expressão que ficou famosa), "livre da política", está ávido por encontrar áreas do globo com baixos padrões de vida e passíveis de tratamento do tipo "terra virgem"; ele lucra com o diferencial de geração de renda (temporário e autodestrutivo) entre terras com baixos salários e sem instituições de autodefesa e proteção dos pobres por parte do Estado e terras há muito exploradas, afligidas pelo impacto da "lei da tendência à queda de lucros". A consequência imediata desse capital "livremente flutuante", emancipado do controle político, deve ser uma redução desse diferencial que pôs em movimento a atual tendência a um "nivelamento" dos padrões de vida entre os Estados.

Os países que lançaram o capital no "espaço de fluxos", contudo, encontram-se numa situação em que eles próprios se tornam objeto das incertezas geradas pelas finanças globais; e em que sua capacidade de ação é vitimada pelo novo déficit de poder; isso os obriga, na ausência de uma regulamentação global, a recuar, passo a passo, da proteção que, em tempos anteriores ao divórcio entre poder e política e à privatização da incerteza, costumavam prometer (e quase sempre cumprir) a seus pobres nativos. Essa poderia ser a explicação para a guinada de 180 graus observada por Firebaugh. Liberada dos pesos e contrapesos locais, solta na terra de ninguém da zona "livre de política" global, o capital acumulado nas partes "desenvolvidas" do mundo está livre para recriar, em locais distantes, as condições que prevaleciam em seus países de origem nos tempos da "acumulação primitiva"; com a ressalva, contudo, de que desta vez os chefes são "proprietários absenteístas", a dezenas de milhares de quilômetros da mão de obra que empregam. Esses chefes romperam a mutualidade da dependência de maneira unilateral, enquanto multiplicavam a seu bel-prazer o número daqueles expostos às consequências de suas novas liberdades (e, mais ainda, os daqueles que anseiam por se expor).

Por sua vez, isso só pode se refletir nas condições da força de trabalho metropolitana deixada para trás pela cisão do capital: essa força de trabalho agora está acuada não apenas pela maior incerteza causada pelo espectro superampliado de opções que foi aberto a seus chefes, mas também pelos preços baixíssimos da mão de obra nos países em que o capital, com sua liberdade para se movimentar, escolhe para se estabelecer por um tempo. Portanto, como observa Firebaugh, a distância

O destino da desigualdade social... 69

entre países "desenvolvidos" e países "pobres" tende a encolher; mas, nos países que não muito tempo atrás pareciam ter se livrado das desigualdades sociais mais gritantes, o crescimento incessante da distância entre os que "têm" e os que "não têm", conhecido na Europa dos primórdios do século XIX, está de volta, como uma vingança.

· 4 ·

Os estranhos são perigosos...
Será que são mesmo?

A incerteza e a vulnerabilidade humanas são os alicerces de todo poder político. É contra essa dupla de efeitos secundários da condição humana (constantes, embora alvos de profunda indignação), e contra o medo e a ansiedade que eles tendem a gerar, que o Estado moderno prometeu proteger seus súditos; e foi principalmente dessa promessa que ele tirou sua razão de ser, assim como a obediência e o apoio eleitoral de seus cidadãos. Numa sociedade moderna "normal", a vulnerabilidade e a insegurança existencial, além da necessidade de viver e agir sob condições de profunda e inescapável incerteza, são garantidas pela exposição dos interesses da vida a forças de mercado sabidamente caprichosas e endemicamente imprevisíveis. Exceto pela tarefa de criar e proteger as condições jurídicas das liberdades de mercado, o poder político não precisa contribuir para a produção de incerteza e para o resultante estado de insegurança existencial; os caprichos do mercado são suficientes para minar os alicerces da segurança existencial e manter pairando sobre a maioria dos membros da sociedade o espectro de degradação, humilhação e exclusão sociais.

Ao exigir de seus súditos obediência e observância à lei, o Estado pode basear sua legitimidade na promessa de *amenizar* o grau de vulnerabilidade já existente e a fraqueza de seus cidadãos para *limitar* perdas e danos causados pelo livre jogo das forças de mercado; para criar um *escudo* que proteja os vulneráveis dos choques excessivamente dolorosos, e os inseguros, dos riscos que essa livre concorrência implica. Tal legitimação encontrou sua expressão maior na definição da forma moderna de governança como um *État providence*; uma comunidade assume por si mesma, para sua própria administração e seu gerenciamento, a obrigação e a promessa antes imputadas à divina providência: proteger os fiéis das inclementes vicissitudes da fé, ajudá-los no caso de infortúnios pessoais e prestar-lhes socorro em seus sofrimentos.

Hoje, essa fórmula de poder político, sua missão, tarefa e função estão todas ficando para trás. Instituições do "Estado previdenciário" são aos poucos reduzidas em tamanho, desmontadas ou progressivamente eliminadas, enquanto se removem as restrições antes impostas às atividades empresariais e ao livre jogo da concorrência de mercado e suas consequências. As funções protetoras do Estado são afuniladas e "concentradas", abarcando uma reduzida minoria dos não empregáveis e dos inválidos, embora a minoria tenda a ser reclassificada, de objeto de preocupações sociais em questão de lei e ordem; a incapacidade de um indivíduo entrar no jogo do mercado segundo suas regras estatutárias, utilizando recursos próprios e por seu próprio risco, tende a ser cada vez mais criminalizada ou a se tornar suspeita de intenções criminosas ou potencialmente criminosas. O Estado lava as mãos em relação à vulnerabilidade e à incerteza que surgem da lógica (aliás, da falta de lógica) dos mercados livres. A perniciosa fragilidade da condição social é agora redefinida como assunto privado, tema a ser tratado por indivíduos que utilizam recursos de sua propriedade pessoal. Como diz Ulrich Beck, agora espera-se dos indivíduos que procurem soluções biográficas para contradições sistêmicas.[1]

Essas novas tendências têm um efeito colateral: solapam os alicerces sobre os quais o poder de Estado, reivindicando o papel crucial de enfrentar e afastar a vulnerabilidade e a incerteza que assaltam seus súditos, se baseou durante a maior parte da era moderna. O crescimento amplamente observado da apatia moderna, a perda do interesse e do comprometimento políticos ("não há mais salvação para a sociedade", na frase sucinta e famosa de Peter Drucker) e a redução maciça da participação da população na política institucionalizada são testemunhos da desintegração dos alicerces do poder de Estado que ainda sobrevivem. O Estado cortou sua prévia interferência programática sobre a incerteza e a insegurança existenciais produzidas pelo mercado; ao contrário, proclamou que a remoção, uma a uma, das restrições residuais impostas sobre atividades orientadas para o lucro era a principal tarefa de qualquer poder político preocupado com o bem-estar de seus súditos; por isso, o Estado contemporâneo precisa procurar outras variedades de insegurança e incerteza, variedades *não econômicas*, sobre as quais basear sua legitimidade. Essa alternativa parece ter sido localizada (primeiramente e de forma mais espetacular, embora de modo algum exclusiva, pelo governo dos Estados Unidos) no tema da *segurança pessoal*: os medos de *ameaças aos corpos, propriedades ou hábitats dos seres humanos*, sejam eles atuais ou futuros, abertos ou ocultos, genuínos ou supostos – quer venham de dietas ou estilos de vida pandêmicos e insalubres, de atividades criminosas, da conduta antissocial dos membros da "subclasse" ou, mais recentemente, do terrorismo global.

Ao contrário da insegurança social nascida do mercado, que é genuína, profusa, visível e óbvia no que se refere a confortar suas vítimas, essa insegurança *alternativa* com que o Estado espera restaurar o monopólio perdido sobre as oportunidades de redenção deve ser reforçada *artificialmente*, ou pelo menos muito dramatizada, a fim de inspirar um volume suficiente de medos; ao mesmo tempo, supera, obscurece e relega a segundo plano a insegurança *economicamente gerada* sobre a qual a administração do Estado quase nada pode fazer (e é nada o que ele está disposto a fazer). Em oposição ao caso das ameaças geradas pelo mercado à subsistência e ao bem-estar, a gravidade e a extensão dos perigos à segurança pessoal devem ser apresentadas em suas cores mais sombrias, a fim de que a não materialização das ameaças divulgadas, assim como dos ataques e sofrimentos previstos (qualquer coisa menor que os desastres previstos), possa ser aplaudida como uma grande vitória da razão governamental sobre o destino hostil, como resultado da vigilância, do cuidado e da boa vontade louváveis dos órgãos do Estado.

Na França, o duelo presidencial Chirac versus Jospin, em 2000, degenerou, já nos estágios preliminares, num leilão público em que os dois contendores buscaram apoio eleitoral oferecendo medidas cada vez mais duras contra criminosos e imigrantes, mas sobretudo contra todos os imigrantes que alimentavam o crime e a criminalidade nutrida pelos imigrantes.[2] Acima de tudo, porém, eles deram o melhor de si para mudar o foco das ansiedades do eleitor, do sentimento envolvente de *precariedade* (a irritante insegurança da posição social interligada à profunda incerteza sobre o futuro de suas formas de subsistência) para o medo relacionado à segurança pessoal (integridade do corpo, das propriedades pessoais, do lar, da vizinhança).

Em 14 de julho de 2001, Chirac colocou a máquina infernal em movimento, anunciando a necessidade de enfrentar "essa crescente ameaça à segurança, essa maré montante", em vista de um aumento de cerca de 10% da delinquência no primeiro semestre daquele ano (também anunciado na ocasião), e declarando que uma política de "tolerância zero" seria transformada em lei, caso fosse reeleito. O tom da campanha presidencial fora estabelecido, e Jospin não demorou a aderir, elaborando suas variações sobre o tema comum (embora inesperadamente para os principais solistas, mas não para os observadores dotados de conhecimento sociológico, a voz de extrema direita de Le Pen tenha sido a que chegou ao topo como a mais pura e, portanto, a mais audível).

Em 28 de agosto, Jospin proclamou "uma luta contra a insegurança", prometendo "nada de condescendência", enquanto em 6 de setembro Daniel Vaillant e Marylise Lebranchu, seus minis-

Os estranhos são perigosos... 75

tros do Interior e da Justiça, juraram que não teriam o mínimo de tolerância com qualquer forma de delinquência. A reação imediata de Vaillant aos ataques aos Estados Unidos no 11 de Setembro foi ampliar os poderes da polícia, sobretudo em relação aos jovens dos *banlieues* "etnicamente estrangeiros", os conjuntos habitacionais da periferia de Paris em que, segundo a versão oficial (a versão conveniente aos escalões oficiais), se produzia a diabólica mistura de incerteza e insegurança que envenenava a vida dos franceses. O próprio Jospin prosseguiu atacando e vilipendiando, em termos ainda mais virulentos, a "escola angelical" da abordagem cautelosa e paciente, à qual havia jurado jamais pertencer no passado e nunca se juntar no futuro.

O leilão prosseguiu, e os lances atingiram a estratosfera. Chirac prometeu um Ministério da Segurança Interna, ao que Jospin respondeu comprometendo-se com a criação de um Ministério "encarregado da segurança pública" e da "coordenação das operações policiais". Quando Chirac apresentou a ideia de centros de encarceramento para trancafiar delinquentes juvenis, Jospin fez eco à promessa com a visão de "estruturas fechadas" para esse mesmo público, superando o lance de seu contendor com a perspectiva de "sentenças proferidas na hora".

Não é preciso lembrar que nada mudou desde então. Mais que qualquer outra coisa, Nicolas Sarkozy, sucessor de Chirac, obteve um convincente sucesso eleitoral jogando com os temores populares e com o desejo de um poder forte capaz de deter e enfrentar os novos temores que tenderiam a infestar o futuro. Ele continua usando o mesmo jogo para afastar das manchetes dos jornais as notícias sobre os números do desemprego, que aumentam sem parar sob sua Presidência, e a queda insustentável dos rendimentos da maioria dos franceses. Para isso, recorre ao método testado de misturar o tema da segurança existencial ao da violência das ruas, e este ao dos recém-chegados de outras regiões do planeta.

Apenas três décadas atrás, Portugal (juntamente com a Turquia) era o maior fornecedor dos *gastarbeiter* ("trabalhadores convidados") que, temiam os cidadãos alemães, iriam roubar as paisagens urbanas de sua terra natal e minar-lhes a coesão social, alicerce de sua segurança e de seu conforto. Portugal transformou-se, de um país *exportador*, em *importador* de mão de obra. As dificuldades e humilhações sofridas para ganhar o pão de cada dia em países estrangeiros logo foram esquecidas, 27% dos portugueses declararam que os bairros infestados de crimes e estrangeiros constituem sua principal preocupação, e Paulo Portas, recém-chegado à arena política, utilizando uma só plataforma, sobretudo antimigracionista, ajudou a conduzir ao poder uma nova coalizão de direita (tal como Pia Kiersgaard e seu Partido do Povo na Dinamarca, a Liga Norte de Umberto Bossi na Itália, o Partido do Progresso norueguês, radicalmente anti-imigrantes, e virtualmente todos os principais partidos holandeses; em outras palavras, em países que não muito tempo atrás enviavam seus filhos a terras distantes para ganhar o pão que sua terra natal não lhes podia oferecer).

Notícias como essas chegam com facilidade às primeiras páginas (como o título assustador e xenófobo, destinado a agitar os ânimos, "Reino Unido planeja restringir asilo", no *Guardian* de 13 de junho de 2002; não é preciso mencionar as manchetes nas capas dos tabloides). Mas o núcleo da fobia planetária aos imigrantes permanece oculto à atenção (na verdade, ao conhecimento) dos habitantes da Europa Ocidental, e nunca chega à superfície. "Culpar os imigrantes" – os estrangeiros, os recém-chegados e em particular os estrangeiros recém-chegados – por todos os aspectos da *malaise* social (em primeiro lugar, pelo sentimento nauseante e incapacitante de *Unsicherheit, incertezza, precarité, insegurança*) depressa está se tornando um hábito global. Como afirma Heather Grabbe, diretor de pesquisa do Centro de Refugiados Europeus, "os alemães culpam os poloneses, os poloneses culpam os ucranianos, os ucranianos culpam os quirguizes e os usbeques",[3] enquanto países pobres demais para atrair um número relevante de vizinhos em desesperada luta pela subsistência, como Romênia, Bulgária, Hungria ou Eslováquia, dirigem

Os estranhos são perigosos...   77

sua ira contra os suspeitos de sempre e os culpados disponíveis; eles são locais, mas flutuantes, evitam endereços fixos, e portanto são eternos "recém-chegados" e forasteiros, sempre e por toda parte: os ciganos.

Um permanente estado de alerta: perigos que se proclamam à espreita na próxima esquina, vazando e gotejando de campos terroristas disfarçados em escolas e congregações religiosas islâmicas, em *banlieues* habitados por imigrantes, em ruas perigosas infestadas de membros da sucbclasse, nos "distritos perigosos" contaminados pela violência, nas áreas "proibidas" das grandes cidades; há também pedófilos e outros delinquentes sexuais à solta, pedintes agressivos, gangues juvenis sedentas de sangue, vagabundos e espreitadores. São muitas as razões do medo. Já que o número e a intensidade são impossíveis de calcular da perspectiva de uma experiência estritamente pessoal, deve-se acrescentar outra razão, talvez a mais poderosa, para se ter medo: não se sabe onde e quando as advertências irão se tornar realidade.

As ameaças contemporâneas, em particular as mais aterrorizantes, são em geral situadas num lugar distante, ocultas e subreptícias, dificilmente próximas o bastante para se testemunhar de modo direto, poucas vezes acessíveis a exame individual minucioso – invisível, para todos os fins práticos. A maioria de nós jamais teria ouvido falar de sua existência não fossem os surtos de pânico inspirados e reforçados pelos meios de comunicação de massa e os prognósticos alarmistas apresentados por experts e logo recolhidos, endossados e ampliados por membros do Ministério e empresas comerciais – correndo como o fazem para transformar toda essa excitação em lucro político ou comercial. Como nós (as "pessoas comuns" ocupadas em nossos pequenos afazeres cotidianos) só sabemos por meio indireto desses perigos terríveis, porém distantes, é possível, muito fácil, na verdade, manipular nossas atitudes públicas; é fácil menosprezar ou silenciar os perigos que não prometem ganhos políticos ou financeiros, enquanto outros são altamente inflados ou até inventados, mais adequados que são à exploração política ou comercialmente lucrativa.

Mas, como Moazzam Begg (muçulmano britânico preso em janeiro de 2002 e solto sem acusação após passar três anos nas prisões de Baghram e Guantánamo) aponta corretamente em seu livro, publicado em 2006 com o título *Enemy Combatant*: o efeito geral de uma vida passada sob alertas de segurança incessantes, tais como guerras fomentadas, justificações para a tortura, encarceramento arbitrário e terror, é "ter tornado o mundo muito pior". Pior ou não, eu também acrescentaria: nem um pouco mais seguro. Com toda certeza, o mundo hoje parece muito menos seguro do que parecia dez ou vinte anos atrás. Parece que o principal efeito das medidas extraordinárias de segurança profusas e caríssimas implementadas na última década foi um *aprofundamento da sensação de perigo, de risco e insegurança*. Não há muito na atual tendência que prometa um rápido retorno aos confortos da segurança. Lançar as sementes do temor produz safras abundantes em matéria de política e comércio; e o fascínio de uma colheita opulenta inspira os que buscam ganhos políticos e comerciais a abrir sempre novas terras para plantações que geram medo.

Em princípio, as preocupações com segurança e as motivações éticas são mutuamente contraditórias: as expectativas de segurança e a intensidade das intenções éticas estão em conflito.

O que coloca segurança e ética em oposição do ponto de vista de princípios (uma oposição difícil de superar e conciliar) é o contraste entre segmentação e comunhão: o impulso de separar e excluir que é endêmico à primeira versus a tendência inclusiva, unificadora, constitutiva da segunda. A segurança gera um interesse em apontar riscos e selecioná-los para fins de eliminação, e por isso ela escolhe fontes potenciais de perigo como alvos de uma ação de extermínio "preventiva", empreendida de maneira unilateral. Os alvos dessa ação são, segundo o mesmo padrão, excluídos do universo das obrigações morais.

Indivíduos e grupos ou categorias de pessoas têm negada sua subjetividade humana e são reclassificados pura e simplesmente como objetos, localizados de modo irrevogável na ponta receptora dessa ação. Tornam-se entidades cuja única relevância (o único aspecto levado em consideração quando se planeja o tratamento que irão receber) para os responsáveis pelas "medidas de segurança" em favor daqueles cuja própria segurança é considerada ou declarada sob ameaça é a ameaça que eles já constituem, podem constituir ou ser acusados (com plausibilidade) de constituir. A negação da subjetividade desqualifica os alvos selecionados como parceiros potenciais do diálogo; qualquer coisa que possam dizer, assim como o que teriam dito se lhes dessem voz, é a priori declarado imaterial, se é que se chega a ouvi-los.

A desqualificação da humanidade dos alvos da ação vai muito além daquela passividade atribuída por Emmanuel Levinas, o maior filósofo ético francês, ao Outro como o objeto da responsabilidade ética (segundo Levinas, o Outro manda em mim por sua *fraqueza*, não por sua força; ele me dá ordens *evitando* vocalizá-las; a despretensão e o silêncio do Outro é que desencadeiam meu impulso ético). Usando o vocabulário de Levinas, podemos dizer que classificar outras pessoas como "problemas de segurança" leva a uma obliteração da "face" – nome metafórico daqueles aspectos do Outro que nos colocam numa condição de responsabilidade ética e nos orientam para uma ação igualmente ética. Desqualificar essa face como uma força (desarmada, não coerciva) potencial que evoca ou desperta o impulso moral é o cerne daquilo que se entende por "desumanização". Dentro do "universo das obrigações morais", a detenção de Moazzam Begg por três anos, sem que ele tivesse cometido um crime, e a tortura que lhe foi infligida para extrair uma admissão de culpa a fim de justificar (retrospectivamente) a prisão seriam um ultraje, uma atrocidade. Privado de uma "face" eticamente relevante pelo fato de ser classificado como ameaça à segurança (e, portanto, excluído do universo das obrigações morais), Begg, contudo, era um legítimo objeto das "medidas de segurança", declarado, pelo mesmo padrão, eticamente indiferente ou neutro ("adiafórico", no meu vocabulário) por definição. O extermínio de judeus, ciganos ou homossexuais, para seus perpetradores, era uma ação de higiene (cristais de Zyklon B, originalmente produzidos como veneno para vermes, eram espargidos através dos telhados das câmaras de gás por "agentes de higiene"). Os tutsis eram sumariamente descritos pelos hutus, seus assassinos, como "baratas".

Uma vez *privada* de sua "face", a fraqueza do Outro convida à violência, naturalmente e sem esforço; quando a face é *assumida*, a mesma fraqueza deixa aberta uma ampliação infinita para a capacidade ética de ajudar e proteger. Como disse Jonathan Littell, "os fracos são uma ameaça aos fortes e constituem um convite à violência e ao assassínio que se abatem sobre eles sem piedade".[4] Observe-se a *impiedade* que caracterizou a atividade de abatê-los – sendo a piedade uma das sensações mais importantes e evidentes a definir a postura moral.

Jonathan Littell buscou reconstruir a estrada enganadoramente suave e convidativa que costumava transportar as *massas* de homens e mulheres confiantes – confusos, ingênuos e crédulos, atemorizados pelos terremotos de uma grande guerra e pelo enorme colapso econômico subsequente, e portanto fáceis demais de manipular e desencaminhar – para os desumanos "limites lógicos" da paixão humana por segurança. Begg, por outro lado, relata o destino apenas daqueles *poucos escolhidos* que, de modo acidental ou por inadvertência, caíram vítimas ou se tornaram "baixas colaterais" de "medidas de segurança" extremas (pessoas que, como seus torturadores explicaram em retrospecto, apenas "estavam no lugar errado e na hora errada"). A questão, porém, é que o prejuízo causado pelas paixões provocadas pela segurança se espalha cada vez mais e é mais profundo do que sugerem os casos mais atrozes e ultrajantes, e portanto são mais divulgados, condenados e lastimados, extremos e/ou "extraordinários".

As obsessões por segurança são inexauríveis e insaciáveis; uma vez que decolaram e são deixadas à solta, não há como detê-las. Têm capacidade de autopropulsão e autoexacerbação; ao ganhar ímpeto próprio, não precisam do reforço de fatores externos – produzem, numa escala em constante crescimento, suas próprias razões, explicações e justificativas. A febre irradiada e aquecida por introdução, fortalecimento, provisão e enrijecimento das "medidas de segurança" torna-se o único reforço de que necessitam os temores, ansiedades e tensões da insegurança e da incerteza para se reproduzir, crescer e proliferar. Embora já sejam radicais, os estratagemas e dispositivos planejados, obtidos e postos em operação em nome da segurança dificilmente se mostrarão radicais o bastante para acalmar os temores – não por muito tempo, de qualquer maneira. Cada um deles pode ser sobrepujado, ultrapassado e tornado obsoleto pelos conspiradores traiçoeiros que aprendem a contorná-los ou ignorá-los, superando assim cada novo obstáculo erguido em seu caminho.

Independentemente do que aconteça com as cidades em sua história, uma característica é constante: as cidades são lugares em que estranhos permanecem e se movimentam em estreita proximidade uns dos outros. A presença ubíqua de estranhos, sempre visíveis e ao nosso alcance, insere grande dose de incerteza nas ocupações existenciais de todos os habitantes das cidades; essa presença é uma fonte prolífica e inesgotável de ansiedade e de uma agressividade em geral adormecida, mas que volta e meia entra em erupção.

Os estranhos também fornecem um escoadouro conveniente – acessível – para o medo inato do desconhecido, do incerto e do imprevisível. Ao mantermos os estranhos afastados de nossas casas e ruas, o fantasma apavorante da incerteza, ainda que por um breve instante, é exorcizado; o monstro aterrorizante da insegurança é morto em efígie. No entanto, apesar desses exorcismos, a nova vida líquido-moderna continua teimosamente errática e caprichosa, portanto insegura; o alívio tende a ter vida curta, e as esperanças vinculadas mesmo às medidas mais duras são frustradas no próprio momento em que surgem.

Um estranho, por definição, é um agente movido por intenções que, na melhor das hipóteses, só podem ser adivinhadas – mas das quais nunca se pode ter certeza. Em todas as equações que elaboramos ao deliberarmos sobre o que fazer e como nos comportar, o estranho é uma incógnita. É, afinal de contas, "um esquisito", um ser bizarro e enigmático, cujas intenções e reações podem ser muito diferentes daquelas das pessoas comuns (habituais, costumeiras). Assim, mesmo quando não se comportam com agressividade, nem se mostram ressentidos de maneira aberta e evidente, os estranhos são "subconscientemente" desconfortáveis; sua mera presença torna ainda mais difícil a tarefa já assustadora de prever os efeitos de nossas ações e suas chances de sucesso. No entanto, compartilhar o espaço com estranhos, viver em sua proximidade (em geral indesejada e mal recebida), é uma condição a que os moradores da cidade consideram difícil e por vezes impossível de escapar.

Uma vez que a obstinada proximidade de estranhos é destino inegociável dos cidadãos urbanos, algum modus vivendi que torne a convivência palatável e a vida suportável precisa ser projetado, tentado e testado. A forma como agimos para satisfazer essa necessidade, contudo, é uma questão de *escolha*. E escolhas são feitas, dia após dia, seja por ação ou por omissão, intencionalmente ou não. São tomadas por decisão consciente ou apenas seguindo-se, de forma cega e mecânica, os padrões de conduta costumeiros; por uma ampla gama de reflexões e discussões, ou apenas seguindo-se os meios confiáveis, já que hoje em voga e em geral empregados. Excluir-se da busca de um modus co-vivendi é também uma das escolhas possíveis.

De São Paulo, a maior cidade brasileira, a mais vibrante e a que se expande mais depressa, por exemplo, Teresa Caldeira escreve:

> São Paulo é hoje uma cidade murada. Barreiras físicas têm sido construídas por toda parte – em torno de casas, prédios de aparta-

mentos, parques, praças, complexos de escritórios e escolas. ... Uma nova estética da segurança modela todos os tipos de construções e impõe uma nova lógica de vigilância e distância.[5]

Qualquer um que se possa dar a esse luxo adquire para si uma residência num "condomínio" planejado como um eremitério, fisicamente dentro, mas social e espiritualmente fora da cidade. "Supõe-se que comunidades fechadas sejam mundos separados. Seus anúncios propõem um 'modo de vida' total, que poderia representar uma alternativa à qualidade de vida oferecida pela cidade e seus espaços públicos deteriorados." Uma das características mais salientes dos condomínios é seu "isolamento e distância da cidade. ... Isolamento significa separação daqueles considerados socialmente inferiores"; e, como insistem os corretores de imóveis, "o fator-chave para garantir isso é a segurança. Isso significa grades e muros cercando o condomínio, guardas de serviço 24 horas por dia controlando os acessos e um conjunto de instalações e serviços para manter os outros do lado de fora."

Como sabemos todos, as grades têm dois lados. Elas dividem em duas partes um espaço que de outro modo seria contínuo: um "dentro" e um "fora"; mas o que é "dentro" para os que estão de um lado da grade é "fora" para os do outro lado. Os moradores dos condomínios constroem grades para isolá-los do tumulto e da vida dura da cidade num oásis de calma e proteção. Pelo mesmo padrão, contudo, eles cercam todos os outros dos lugares seguros, decentes e agradáveis, confinando-os às suas próprias ruas, reconhecidamente sujas e miseráveis.

A grade separa o "gueto voluntário" habitado pelos ricos e poderosos dos guetos forçados em que moram os pobres e infelizes. Para os de dentro do gueto voluntário, os guetos involuntários são espaços "aos quais não iríamos". Para os de dentro dos guetos involuntários, a área a que foram confinados é o espaço do qual "não podemos sair".

De maneira paradoxal, as cidades, construídas para dar proteção a todos os seus habitantes, são hoje mais associadas ao perigo que à segurança. Como diz Nan Ellin:

> O fator medo decerto tem crescido, como indica o aumento do número de carros e portas de casas blindados e de sistemas de segurança, a popularidade das comunidades "fechadas" e "seguras" para todos os grupos etários e de renda, e a crescente vigilância dos espaços públicos, para não mencionar os infindáveis relatos de perigo emitidos pelos meios de comunicação de massa.[6]

Ameaças (genuínas ou supostas) ao corpo e às propriedades do indivíduo tornam-se uma das grandes preocupações, se não a maior, sempre que se avaliam os méritos ou desvantagens de um lugar para viver. As ameaças também têm ganhado lugar de destaque na política do marketing imobiliário. A incerteza quanto ao futuro, a fragilidade da posição social e a *insegurança existencial*, esses ubíquos complementos da vida no mundo "líquido-moderno", podem ter raízes e estar reunindo forças em lugares remotos, mas as ansiedades e paixões que elas geram tendem a se concentrar nos alvos mais próximos e a se canalizar em preocupações com a *proteção pessoal*, o tipo de interesse que, por sua vez, se condensa em impulsos segregacionistas e exclusivistas, levando a inevitáveis guerras pelo domínio do espaço urbano.

Como podemos aprender com o estudo perspicaz de Steven Flusty, o crítico americano de arquitetura e urbanismo, atender a essas guerras e, em particular, planejar maneiras de negar aos adversários o acesso ao espaço reivindicado são as preocupações mais relevantes da inovação arquitetônica e do desenvolvimento urbano nas cidades americanas.[7] As novidades anunciadas com maior orgulho são os "espaços de interdição", "projetados para interceptar, repelir ou filtrar os potenciais usuários". Explicitamente, o objetivo dos "espaços de interdição" é dividir, segregar e excluir – não construir pontes, passagens fáceis e locais de encontro hospitaleiros; não facilitar, mas cortar a comunicação; em geral, separar as pessoas, não as aproximar.

As invenções arquitetônicas e urbanísticas relacionadas e categorizadas por Flusty são os equivalentes tecnologicamente atualizados dos fossos, torres e seteiras das muralhas que cercavam as cidades pré-modernas; em vez de defender a cidade e todos os seus habitantes do inimigo externo, são construídas para separar seus moradores. Entre as invenções categorizadas por Flusty está o "espaço falso" – "um espaço que não pode ser alcançado porque as rotas de abordagem são tortuosas, prolongadas ou inexistentes"; o "espaço espinhoso" – "que não pode ser ocupado com conforto, já que é protegido por detalhes como irrigadores de aspersão posicionados sobre os muros e ativados para afastar vagabundos, ou bordas inclinadas para inibir o ato de sentar-se"; e o "espaço nervoso" – "que não se pode utilizar sem ser observado, graças ao monitoramento ativo de patrulhas circulantes e/ou tecnologias de controle remoto que alimentam postos de segurança".

Todos eles, e outros semelhantes, têm um único propósito: isolar os enclaves extraterritoriais, erguer pequenas fortalezas dentro das quais os membros da elite supraterritorial global possam criar, cultivar e apreciar sua independência física e seu isolamento espiritual em relação à localidade.

Os fatos descritos por Steven Flusty são manifestações hightech de uma xenofobia ubíqua, reação generalizada à variedade desconcertante, aterrorizante e enervante de tipos humanos e estilos de vida que se tangenciam nas ruas das cidades contemporâneas e em seus distritos residenciais "comuns" (leia-se: sem a proteção dos "espaços de interdição"). Liberar impulsos segregacionistas pode aliviar a crescente tensão. Diferenças perturbadoras e desconcertantes podem ser inatingíveis e não administráveis – mas talvez a toxina possa ser extirpada das presas atribuindo-se a cada forma de vida seu espaço físico distinto, isolado, bem demarcado e, acima de tudo, bem vigiado. Talvez alguém possa garantir para si, para seus parentes e outras "pessoas como eu" um território livre da desordem e da confusão que envenenam irremediavelmente outras áreas da cidade.

A "mixofobia" manifesta-se por um impulso em direção a ilhas de similaridade e mesmice em meio a um mar de variedade e diferença. As razões da mixofobia são banais, fáceis de compreender, não necessariamente de perdoar. Como sugere Richard Sennett, "o sentimento do 'nós', que expressa o desejo de ser semelhante, é uma forma de os homens evitarem a necessidade de examinar profundamente um ao outro". Desse modo, ele promete algum conforto espiritual: a perspectiva de tornar mais fácil a convivência transformando em redundante o esforço de compreender, negociar e comprometer-se. "Inato ao processo de formar uma imagem coerente da comunidade é o desejo de evitar a participação efetiva. Sentir vínculos comuns sem experiências comuns ocorre, em primeiro lugar, porque os homens têm medo de participar, medo dos perigos e desafios que isso implica, medo da dor."[8] O impulso no sentido de uma "comunidade da semelhança" é um sinal de recuo não apenas em relação à alteridade *de fora*, mas também ao comprometimento com a interação *dentro*, animada mas turbulenta, engajada mas incômoda.

Preferir a opção de escape promovida pela mixofobia tem uma insidiosa e deletéria consequência própria: quanto mais coerentemente empregada for a estratégia, e quanto maior for sua capacidade de se perpetuar e de se reforçar, mais eficaz ela será. Quanto mais tempo as pessoas gastarem em companhia de outras "como elas", com as quais "confraternizam" de maneira fria e superficial, sem risco de incompreensão, raras vezes se defrontando com a onerosa necessidade de traduzir distintos universos de significado, mais provável é que "desaprendam" a arte de negociar formas e significados de convivência.

Como não conseguem adquirir ou esquecem as habilidades necessárias para viver com a diferença, encaram com crescente apreensão a perspectiva de confrontar os estranhos face a face. Os estranhos parecem cada vez mais assustadores, quando se tornam progressivamente mais "esquisitos" – diferentes, desconhecidos e incompreensíveis – e quando a comunicação mútua que poderia acabar assimilando sua "alteridade" ao nosso próprio mundo de vida perde substância e definha, ou nem sequer chega a emergir. O impulso no sentido de um ambiente homogêneo, isolado do ponto de vista territorial, pode ser deflagrado pela mixofobia; mas praticar a separação territorial é o cinto de segurança e o alimentador da mixofobia.

A mixofobia, porém, não é um combatente solitário no campo de batalhas urbano. Viver numa cidade é uma experiência ambivalente. Repele mas também atrai, e no entanto são os mesmos aspectos da vida urbana que, de modo intermitente e simultâneo, atraem e repelem. A confusa variedade que caracteriza o ambiente urbano é uma fonte de temor, e, contudo, o mesmo cenário urbano de luzes cintilantes mas bruxuleantes, jamais carente de novidades e surpresas, ostenta um charme e um poder de sedução ao qual é difícil resistir.

Confrontar o espetáculo infindável e sempre deslumbrante da cidade não é, portanto, vivenciado apenas como maldição, nem abrigar-se dele parece uma bênção inequívoca. A cidade promove tanto a mixo*filia* quanto a mixo*fobia*. A vida urbana é um assunto intrínseca e irreparavelmente ambíguo. Quanto maior e mais heterogênea é uma cidade, mais atrações pode apoiar e oferecer. Uma concentração maciça de estranhos é ao mesmo tempo repelente e ímã poderosíssimo, atraindo para a cidade novas coortes de homens e mulheres cansados da monotonia da vida nas áreas rurais ou nas cidades pequenas, entediados com sua rotina repetitiva e em desespero pela escassez de oportunidades.

A variedade promete muitas e diferentes oportunidades, ajustadas a todas as habilidades e a todos os gostos. Parece que a mixofilia, tal como a mixofobia, é uma tendência capaz de se autopropelir, autopropagar e autorrevigorar. Não é provável que nenhuma das duas venha a se exaurir, nem tampouco perder algo de seu vigor. Mixofobia e mixofilia coexistem em toda cidade, mas também dentro de cada um de seus habitantes. Essa é uma coexistência difícil, cheia de som e fúria – embora significando muito para as pessoas situadas na extremidade receptora da ambivalência líquido-moderna.

Tudo começou nos Estados Unidos, mas vazou para a Europa e agora se espalhou pela maioria dos países desse continente: a tendência de os cidadãos urbanos mais abastados pagarem para sair das ruas apinhadas da cidade, onde tudo pode acontecer, mas pouco (se é que alguma coisa) pode ser previsto, mudando-se para "comunidades fechadas", aqueles conjuntos residenciais cercados de muros com uma entrada seletiva, vigiados por guardas armados e cheios de circuitos internos de TV e alarmes contra intrusos. Os poucos sortudos que conseguem morar numa "comunidade fechada" estritamente vigiada pagam os olhos da cara por "serviços de segurança", ou seja, pela proibição de qualquer mistura. "Comunidades" fechadas são pilhas de compactos casulos privados, suspensos no vácuo social.

Dentro das "comunidades fechadas", as ruas em geral são vazias. E assim, se alguém que "não é dali", um *estranho*, aparece na calçada, ele ou ela será prontamente identificado – antes que engane alguém ou provoque algum dano. Na verdade, qualquer um que você veja passando em frente de sua janela ou da porta de sua casa pode cair na categoria de estranhos, aquelas pessoas assustadoras sobre cujas intenções não podemos ter nenhuma certeza, nem a respeito do que farão em seguida. Qualquer um, sem que você saiba, pode ser um gatuno ou um espreitador, um intruso mal-intencionado.

Afinal, vivemos na era dos telefones celulares (para não falar de MySpace, Facebook e Twitter); amigos podem trocar mensagens em vez de visitas, todas as pessoas que conhecemos estão sempre "on-line" e são capazes de nos informar com antecedência sua intenção de aparecer sem ter marcado hora, de modo que uma súbita e não anunciada batida na porta ou toque de campainha é um evento extraordinário, portanto, um sinal de perigo potencial. Dentro de uma "comunidade fechada", as ruas são mantidas vazias para tornar a entrada de um estranho ou de alguém que se comporta como tal algo flagrante e fácil de identificar – algo arriscado demais para se tentar.

A expressão "*comunidade* fechada" é um equívoco. Como pudemos ler num relatório de pesquisa de 2003 publicado pela

Universidade de Glasgow, "não existe um desejo evidente de entrar em contato com a 'comunidade' na área cercada por grades e muros. ... O senso de comunidade é mais baixo nas 'comunidades' fechadas." Seja como for que os moradores justifiquem sua decisão de ali morar, eles não pagam um aluguel exorbitante nem compram o imóvel por preço altíssimo para entrar em "comunidade" – esse "intrometido coletivo", invasivo e importuno, que lhe abre os braços apenas para mantê-lo agachado como que por um fórceps de aço. Mesmo que digam outra coisa (e por vezes acreditem nisso), as pessoas pagam todo esse dinheiro para se *livrar* de companhias indesejadas: *para ficar sozinhas*. Dentro dos muros e portões, vivem solitários; são pessoas que só toleram a "comunidade" que fantasiam no momento em que a fantasiam – e apenas então.

A grande maioria dos pesquisadores concorda em que o principal motivo de as pessoas se trancarem por trás dos muros e dos circuitos de TV de uma "comunidade fechada", seja consciente ou subconscientemente, explícita ou tacitamente, é seu desejo de manter o lobo longe da porta, que traduzem como manter os estranhos ao alcance do braço. Estranhos são perigosos; assim, cada estranho é um presságio de perigo. Ou pelo menos é o que creem. Mais que qualquer outra coisa, desejam estar seguros em relação ao perigo. Mais exatamente, contudo, estar seguros em relação ao *medo* aterrorizante, angustiante e incapacitante da insegurança. Esperam que os muros os protejam desse medo.

O problema, porém, é que há mais de uma razão para se sentir inseguro. Sejam fidedignos ou fantasiosos, os rumores sobre aumento da criminalidade e bandos de assaltantes ou predadores sexuais à espera de uma ocasião para atacar produz apenas uma dessas razões. Afinal, nós nos sentimos inseguros por causa de nossos empregos, e nossos rendimentos, posição social e dignidade estão sob ameaça. Não estamos garantidos contra o risco de nos tornarmos redundantes, excluídos, e de sermos despejados, perdendo a posição que apreciamos e acreditamos ser nossa para sempre. As parcerias que nos agradam tampouco são perfeitas e garantidas; até nos momentos mais calmos podemos sentir tremores subterrâneos e esperar terremotos. A confortável vizinhança familiar pode sofrer a ameaça de ser posta abaixo a fim de limpar o terreno para novas edificações. Em geral, seria tolo esperar que todas essas ansiedades bem ou mal fundamentadas pudessem ser aplacadas e postas de molho quando nos cercarmos de muros, guardas armados e câmaras de TV em circuito fechado.

Mas que dizer daquela (aparentemente) principal razão de se optar por uma "comunidade fechada", o medo que temos de agressão física, violência, roubo a residência, roubo de carros e pedintes importunos? Não vamos pelo menos acabar com esse tipo de medo? Infelizmente, mesmo nesse front, os ganhos poucas vezes justificam as perdas. Como assinalaram os observadores mais argutos da vida urbana contemporânea, a probabilidade de ser agredido ou assaltado pode diminuir quando se está por trás da cerca (embora uma pesquisa há pouco realizada na Califórnia, talvez o principal baluarte da obsessão por "comunidades fechadas", não tenha encontrado diferença estatisticamente relevante entre espaços fechados e abertos), mas o medo, não.

Anna Minton, autora de um extenso estudo intitulado *Ground Control: Fear and Happiness in the Twenty-First Century City*, relata-nos o caso de Monica, que "passou a noite inteira acordada e com mais medo do que jamais havia sentido nos vinte anos que passara vivendo numa rua 'comum', quando, 'certa noite, os portões eletronicamente controlados começaram a funcionar mal e tiveram de ser escancarados". Por trás dos muros, a ansiedade cresce, em vez de se dissipar – e assim também a dependência do estado mental dos moradores em relação às "novas e aperfeiçoadas" bugigangas eletrônicas high-tech, divulgadas com a promessa de expulsar de campo o perigo e também o medo do perigo. Quanto mais a pessoa se cerca de bugigangas, maior é o medo de que alguma delas "funcione mal". E quanto mais tempo se gasta preocupando-se com a ameaça à espreita em cada estranho, e quanto menos se passa na companhia deles, mais "se reduzem a tolerância e a simpatia pelo inesperado", e menos se é capaz de confrontar, administrar, aproveitar e apreciar a vivacidade, a variedade e o vigor da vida urbana. Trancar-se numa comunidade fechada com o objetivo de afastar os temores é como tirar a água da piscina para garantir que as crianças aprendam a nadar em total segurança.

Oscar Newman, o arquiteto americano especializado em planejamento urbano, sugeriu em 1972, num artigo e depois num livro apropriadamente intitulado *Defensible Space: People and Design in the Violent City*,[9] que a medicina preventiva contra o medo da violência urbana é uma clara demarcação de fronteiras – um ato que vai desestimular os estranhos a atravessá-las. A cidade é violenta e repleta de perigos porque está cheia de estranhos; foi isso que Newman e dezenas de apóstolos e convertidos entusiásticos decidiram. Quer evitar o infortúnio? Mantenha os estranhos a uma distância segura. Torne o espaço em torno bem-iluminado, facilmente observável e defensável – e seus temores se dissiparão, você enfim poderá saborear aquela maravilhosa sensação de estar protegido.

Como tem mostrado a experiência, contudo, o interesse em manter o espaço "defensável" levou a um grande aumento das preocupações com segurança. "Sendo um problema", os símbolos e sintomas dessas preocupações ficam a nos lembrar de nossas inseguranças. Como disse Anna Minton em seu estudo: "O paradoxo da segurança é que, quanto mais ela funciona, menos deveria ser necessária. Mas, em vez disso, a necessidade de segurança pode tornar-se viciante."[10] Proteção e segurança nunca são suficientes. Quando você começa a traçar e fortificar fronteiras, não há como parar. O principal beneficiário é nosso medo; ele floresce e prolifera alimentando-se de nossos esforços de traçar e armar fronteiras.

Na mais profunda oposição à opinião de Newman que se pode conceber apresenta-se a recomendação que Jane Jacobs pôs no papel: é no ajuntamento das ruas e na profusão de estranhos que encontramos ajuda e nos livramos do medo que emana da cidade, essa "grande desconhecida". A palavra mais curta que descreve esse laço, diz ela, é *confiança*. A confiança na segurança confortável das artérias urbanas é destilada da multiplicidade de minúsculos encontros e contatos nas calçadas. O sedimento e a característica permanente dos contatos públicos informais é o tecido da convivência em público, composto de respeito e confiança civis. A falta de confiança é um desastre para uma via urbana, conclui Jacobs.[11]

Miroslaw Balka, numa instalação encomendada em 2009 para o Turbine Hall, da galeria Tate Modern, em Londres, começa onde Jacobs parou, realizando numa obra corajosa, embora simples, o que uma longa linhagem de intelectuais se esforçou para compor e retratar em centenas de livros difíceis e opacos. As portas da longa sala de 30 metros de comprimento, estilo túnel, eram amplas e convidativamente abertas, sinalizando um espaço público. Mas não havia luz no fim do túnel que Balka nos convidava a explorar. Pintado de preto azeviche, o interior não poderia ser mais escuro. "Escuro" é o epítome daquele desconhecido terrível e apavorante à espreita na experiência da cidade. Um espaço escuro é o vazio, o vácuo, a encarnação do nada; você pode suspeitar de que ele só *parece* vazio porque sua vista está fraca, seu poder de trespassar a escuridão é inadequado, sua imaginação falha. Essa vacuidade sensorial pode ser apenas um disfarce e uma máscara para os conteúdos materiais mais terrificantes. Você suspeita – *sabe* – que, num espaço escuro, tudo pode acontecer, embora não saiba o que esperar, muito menos como enfrentá-lo quando ele ocorrer.

Portanto, ninguém o repreenderia se você hesitasse em entrar naquela escuridão, caso estivesse sozinho no Turbine Hall. Imergir desacompanhado naquele buraco negro deserto e inexplorado é algo que só os mais temerários (ou os aventureiros mais inconsequentes) ousariam fazer. Mas felizmente há muitas pessoas à sua volta, todas com pressa de entrar! E também muitas outras lá dentro! Quando se junta a elas, você sente sua presença. Uma presença que não importuna nem angustia, mas acalma e encoraja. Uma presença de estranhos milagrosamente transformados em companheiros de jornada. Uma presença que emana confiança, não ansiedade. Quando você afundou no vazio do grande desconhecido que congela a mente e os sentidos, a humanidade que comungamos é seu bote salva-vidas; o calor da camaradagem humana é sua salvação. Pelo menos foi isso que a obra de Miroslaw Balka me contou e me ensinou, e por isso lhe sou grato.

As ruas dos "espaços defensivos" e das comunidades fechadas precisam, em tese, ser esvaziadas dos estranhos, ainda que os pensamentos e esforços investidos no trabalho de limpeza impeçam que você um dia esqueça seu medo. O túnel no Turbine Hall da Tate Modern, pelo contrário, é repleto de estranhos; mas também é vazio do medo – uma área livre do medo, se é que já houve alguma. Milagrosamente, o espaço mais escuro transformou-se na área mais livre do medo.

Imagino que a palavra "medo" não lhe viesse à mente quando você relatasse sua experiência no interior do túnel. Possivelmente você falaria sobre alegria e prazer.

Em suma, talvez o efeito mais pernicioso, seminal e de longo alcance da obsessão por segurança (o "dano colateral" que ela produz) seja solapar a confiança recíproca enquanto semeia e alimenta a suspeita mútua. Com a falta de confiança, fronteiras são traçadas; com a suspeita, elas são fortificadas para prejuízo de todos e transformadas em linhas de frente. O déficit de confiança conduz necessariamente a um enfraquecimento da comunicação; ao evitar a comunicação, e na ausência de interesse em recuperá-la, a "estranheza" dos estranhos tende a se aprofundar, adquirindo tons cada vez mais sombrios e sinistros, o que, por sua vez, os desqualifica de modo ainda mais radical como parceiros potenciais de diálogo e negociação de um modo de coexistência mutuamente seguro e agradável.

O tratamento dos estranhos como "problema de segurança" está por trás de um dos exemplos de verdadeiro "moto-perpétuo" entre os padrões de interação humana. A desconfiança em relação aos estrangeiros, assim como a tendência a estereotipar todos eles (ou algumas categorias selecionadas) como bombas-relógio prontas a explodir, torna-se mais intensa por sua lógica e dinâmica próprias; ela não precisa de novas provas de sua adequação nem do estímulo adicional de atos hostis do adversário visado (em vez disso, elas mesmas produzem essas provas e estímulos em profusão). Em geral, o principal efeito da obsessão por segurança é o rápido *crescimento* (e não a redução) da sensação de insegurança, com todos os seus acessórios: medo, ansiedade, hostilidade, agressividade e esmorecimento ou emudecimento dos impulsos morais.

Tudo isso não significa que segurança e ética sejam inconciliáveis e tendam a permanecer assim. Apenas sinaliza as armadilhas que a obsessão por segurança tende a espalhar no caminho que leva a uma coexistência (e de fato a uma cooperação) pacífica, segura e mutuamente proveitosa de etnicidades, credos e culturas em nosso mundo globalizado de diásporas. Infelizmente, com o aprofundamento e o enrijecimento das diferenças humanas em quase todos os lugares e em cada vizinhança, talvez um diálogo respeitoso e bem-intencionado entre as diásporas se torne condição cada vez mais importante, crucial para nossa sobrevivência planetária comum; mas ele também é, pelas razões que já relacionei, difícil de se obter e de ser defendido de forças presentes e futuras. Difícil, porém, só significa uma coisa: a necessidade de uma grande dose de boa vontade, dedicação, disposição ao acordo, respeito mútuo; desprezo comum por qualquer forma de humilhação; e, claro, a firme determinação de restaurar o equilíbrio perdido entre o valor da segurança e o da retidão ética. Atingidas todas essas condições (e apenas se todas o forem), o diálogo e o entendimento (a "fusão de horizontes" de Hans Gadamer), por sua vez, podem (apenas podem) se tornar o novo "moto-perpétuo" predominante entre os padrões da coexistência humana. Essa transformação não terá vítimas – só beneficiários.

· 5 ·

Consumismo e moral

Deve-se ter cuidado ao pronunciar veredictos inequívocos sobre as complicadas relações entre consumismo e moral. Como as coisas estão nesse momento, a relação não é diferente dos dilemas de inúmeros matrimônios de nossos dias: os cônjuges acham a convivência penosa e turbulenta, cheia de som e fúria, e muitas vezes repugnante e insustentável; no entanto, mal podem viver um sem o outro, e o divórcio é uma opção impensável. Sem dúvida, no caso do consumismo e da moral, a relação é tudo, menos simétrica. Um dos parceiros, o mercado de consumo, dispersa sobre o outro, a moral, louvor irrestrito; como todos os amantes dignos desse nome, glorifica os esplendores do objeto de seu amor, ao mesmo tempo que fecha os olhos a seus desvios ocasionais; suas declarações públicas, conhecidas pelo nome de "peças publicitárias" ou "comerciais", figuram entre as obras mais sublimes e rapsódicas da poesia amorosa. É o outro parceiro, a moral, que fareja duplicidade por trás das declarações de fidelidade irrestrita e atenção devotada, e intenções maliciosas e egoístas por trás das manifestações de preocupação, cuidado e ajuda. Esse outro parceiro repetiria, seguindo o exemplo do Lacoonte de Virgílio: *timeo mercatores et dona ferentes* – cuidado com os mercados mesmo quando trazem presentes. No entanto, por mais profunda que possa ser sua desconfiança em relação ao doador, não ousa recusar os presentes. Na verdade, quais seriam suas próprias chances de sobrevivência caso decidisse rejeitá-los? Emmanuel Levinas, talvez o maior filósofo da ética em nossa época, pode lançar alguma luz sobre a controversa interação, de muitas formas desconcertante e ilógica, entre esses dois parceiros inseparáveis mas inconciliáveis. Se a opinião comum (incluindo a acadêmica e a de senso comum) se alinha ao famoso veredicto hobbesiano sobre a sociedade como um dispositivo que salva os homens das consequências de suas próprias inclinações mórbidas (que, caso não fossem contrabalançadas pelos poderes coercivos da sociedade, tornariam a vida humana "sórdida, estúpida e curta"), Levinas defende a indispensabilidade da sociedade em termos de um papel diferente, que ela deve desempenhar. A responsabilidade incondicional pelo Outro, esse alicerce de toda moral – reflete ele –, é uma exigência feita sob medida para os santos, e não para indivíduos medianos, comuns, como a maioria de nós. Poucas pessoas conseguem atingir o nível dos santos; poucos são capazes de apresentar o mesmo grau de autoimolação, a presteza em colocar de lado ou até ignorar e desprezar seus interesses próprios, ou estão preparados para o volume de autossacrifício que essa responsabilidade com frequência exigiria desde que permanecesse em seu estado prístino, não retocado, de "incondicionalidade".

Além disso, mesmo que tivéssemos capacidade e disposição para assumir plena e verdadeiramente uma responsabilidade infinita e incondicional, isso não nos ofereceria muita orientação para resolvermos os inumeráveis conflitos de interesses que a solidariedade humana tende a gerar todo dia, e para tornarmos viável a existência comum. Uma sociedade viável composta apenas de santos, para todos os fins práticos, é inconcebível, pela simples razão de que uma responsabilidade completa e incondicional não pode ser exercida por duas pessoas ao mesmo tempo quando (como pode acontecer) seus interesses são conflitantes. Sempre que ocorre um choque como esse, não há como deixar de pesar e comparar as qualificações relativas das partes quere-lantes e dar preferência aos interesses de uma em relação aos da outra. Em outras palavras, a responsabilidade é forçada a se deter diante da incondicionalidade. É por isso que, na opinião de Levinas, a sociedade é uma necessidade. A sociedade, insiste ele, é um dispositivo destinado a tornar viável o companheirismo dos seres humanos, armados e carregados que são de impulsos morais, e assombrados pela responsabilidade incondicional que têm um pelo outro. A sociedade torna viável a coexistência limitando o suposto caráter incondicional da responsabilidade e substituindo os *impulsos morais* pelas *normas éticas* e pelas regras de procedimento. Nem os arranjos sociais mais engenhosos podem ou devem abolir o conflito entre as exigências da vida em sociedade e as deman-das éticas. Apesar de qualquer esforço em contrário que se possa conceber, a modalidade de ser um ente moral continuará a ser um desafio perturbador e angustiante, desprovido de soluções e remédios satisfatórios e/ou definitivos. É a sociedade, ao codifi-car os deveres morais (e, na mesma linha, ao excluir amplas par-celas da interação humana das obrigações e da censura morais), reduzindo assim uma responsabilidade infinita à adesão a um conjunto finito de regras, que torna possível a vida em comum, a despeito da impossibilidade de solucionar conflitos.

Esse efeito (sem dúvida um paliativo, não uma cura, que dirá definitiva) é alcançado por dois expedientes relacionados. Um deles consiste, como já indicamos, em substituir a responsabi-lidade infinita e incondicional, difusa e irremediavelmente vaga, por uma lista finita de deveres explicitados – enquanto se exclui do domínio das obrigações morais tudo aquilo que foi omitido dessa lista. Em outras palavras, a sociedade traça limites e decla-ra condições em que nem aqueles nem estas foram postulados ou de fato permitidos pela responsabilidade incondicional. O expediente é um trabalho de redução; podada de grande núme-ro de seus galhos carregados e dotados de ramificações infinitas, a "responsabilidade pelo Outro", ou mais exatamente aquilo que sobrou dela, é rebaixada do reino das proezas excessivas, "para além da capacidade humana", até o nível dos deveres humanamente factíveis, viáveis e plausíveis. O código ético assim composto serve à promoção da consciência e do dever morais; mas sua verdadeira realização é excluir do universo das obrigações morais certos tipos de "outros" e determinados elementos da "alteridade" pelos quais as pessoas morais poderão agora recusar sua responsabilidade ética, enquanto são absolvidas ou inocentadas da culpa moral – e assim também protegidas das dores de consciência que essa recusa poderia ter causado.

Permitam-me repetir, contudo, que esse expediente é um paliativo, não uma cura para os dilemas e tormentos gerados pela incondicionalidade endêmica da responsabilidade moral: o tipo de responsabilidade evocado em cada um de nós e ao qual apelamos silenciosa, porém dolorosamente, diante da visão de um Outro necessitado de ajuda, cuidado e amor. O expediente de codificar regras éticas pode proteger o negligente de uma punição legal e mesmo da desaprovação pública, mas não irá enganar a consciência e extirpar a compreensão, portanto, nem os tormentos, da culpa moral. Como diz o provérbio inglês, "A consciência culpada não precisa de acusador".

Apontar os padrões comuns como desculpa válida para as próprias falhas ("Olhe em volta, qualquer um no meu lugar teria feito a mesma coisa!") não vai aliviar uma consciência culpada; como insiste Levinas, minha responsabilidade por você está sempre um passo à frente da sua por mim. É por isso que o expediente em questão deve ser complementado por um Outro: por uma oferta de substitutos para o autossacrifício que o exercício da responsabilidade pelo Outro muitas vezes exige. São substitutos que representam (e devem compensar) as manifestações de preocupação "naturais", mas dispendiosas, que não são oferecidas ou que foram revogadas – como as ofertas de tempo, compaixão, empatia, compreensão, cuidado ou amor, todas exigindo certo grau de sacrifício; símbolos da responsabilidade assumida, usados nos casos em que a responsabilidade não foi, não podia ser ou de fato não seria assumida; símbolos da *forma* usados nos casos em que a *substância* esteja em falta.

É no segundo dos dois expedientes – planejamento, produção e fornecimento de "substitutos morais" – que o mercado de consumo desempenha papel crucial, ainda que seja o de mediador. Ele realiza diversas funções indispensáveis para que o expediente seja operativo e eficaz; oferece símbolos materiais de interesse, solidariedade, compaixão, bem querer, amizade e amor. O mercado de consumo adota e assimila a esfera cada vez mais ampla das relações inter-humanas, incluindo o cuidado com o Outro, seu princípio moral organizador. Nesse processo, submete o projeto e a narrativa dessas relações às categorias inventadas para atender à recorrência regular dos encontros entre os bens de mercado e seus compradores, e portanto para garantir a contínua circulação de mercadorias.

Dessa forma, o mercado de consumo promove as características definidoras de uma atitude moral a ser manifestada, percebida, entendida e aceita como outro exemplo dessa circulação, não qualitativamente distinto de outros exemplos, ou tomado, certa ou erradamente, por seus equivalentes. Esse expediente torna tangível e mensurável a noção moral, sempre vaga e irritantemente indefinida, de "autossacrifício para o bem de outra pessoa", mediante a aplicação de critérios monetários de magnitude compreensíveis do ponto de vista universal e legíveis com facilidade; e apondo etiquetas com preços aos atos de bondade. No fim, o expediente em questão age como uma instituição psicoterapêutica, enfrentando (por vezes até evitando) as aflições e sofrimentos desencadeados pela frustração do impulso moral e perpetrados pela consciência culpada e pelos escrúpulos morais.

Todos nós conhecemos as qualidades salutares e terapêuticas dos mercados de bens de consumo, e esse conhecimento vem de uma autópsia: de nossa própria experiência diária. Conhecemos o sentimento de culpa de não sermos capazes de passar tempo suficiente com nossos amigos e familiares mais próximos e queridos; de ouvi-los falar de seus problemas com a atenção e a solidariedade que estes exigem; de "estarmos sempre prontos a ajudar", a deixar de lado o que estivermos fazendo no momento e corrermos para ajudar ou apenas compartilhar dores e consolo. Tais experiências, pelo contrário, tornam-se cada vez mais comuns em nossas vidas corridas. Só para ilustrar essa tendência: se vinte anos atrás, 60% das famílias americanas jantavam juntas regularmente, hoje apenas 20% delas se reúnem em torno da mesa de jantar.

A maioria de nós está sobrecarregada de preocupações surgidas a partir de nossas relações cotidianas com chefes, colegas de trabalho ou clientes, e quase todos levamos essas preocupações conosco, em nossos laptops e telefones celulares, aonde quer que estejamos – para nossas casas, passeios de fim de semana, hotéis em feriados; nunca estamos a uma distância do escritório maior que uma chamada telefônica ou mensagem de texto, e nos vemos sempre à disposição de outras pessoas. Eternamente conectados à rede do escritório, não temos desculpa para não usarmos o sábado e o domingo trabalhando no relatório ou no projeto a ser entregue pronto na segunda-feira. A "hora de fechar o escritório" jamais chega. As fronteiras (antes sacrossantas) separando lar e escritório, horário de trabalho e "tempo livre", ou "horário de lazer", foram quase eliminadas; assim, cada momento da vida se torna um momento de escolha – uma escolha séria, dolorosa e com frequência seminal, entre a carreira e as obrigações morais, entre os deveres profissionais e as exigências das pessoas que precisam de nosso tempo, de nossa compaixão, carinho, ajuda e apoio.

Claro, os mercados de consumo não vão resolver para nós esses dilemas, muito menos afastá-los ou torná-los nulos e sem importância; e não esperamos que nos prestem qualquer desses serviços. Mas eles podem (e estão ávidos por isso) nos ajudar a aliviar ou até a suprimir as aflições da consciência culpada. E o fazem por meio dos presentes em oferta, preciosos e estimulantes, os quais você espia nas lojas ou pela internet, compra e usa para fazer com que as pessoas famintas por seu amor possam sorrir e se regozijar – ainda que por um breve momento. Somos treinados para termos a expectativa de que os presentes fornecidos pelas lojas compensem as pessoas por todas aquelas horas face a face, mão na mão, que deveríamos ter-lhes dedicado, mas não o fizemos. Quanto mais caros forem esses presentes, maior a compensação que o doador espera que ofereçam aos receptores; por conseguinte, maior o seu impacto em termos de aplacar e tranquilizar as dores de consciência do próprio doador.

Comprar torna-se, assim, uma espécie de ato moral (e vice-versa: os atos morais nos levam pelo caminho das compras). Esvaziar a carteira ou debitar no cartão de crédito assume o lugar do desprendimento e do autossacrifício que a responsabilidade moral pelo Outro exige. O efeito colateral, claro, é que, ao anunciar e entregar analgésicos morais comercializados, os mercados de consumo só facilitam (em vez de prevenir) o esvanecer, o definhar e a desintegração dos vínculos inter-humanos. Em vez de ajudar a resistir às forças que reduziram esses vínculos a cinzas, eles colaboram na tarefa de debilitá-los e aos poucos destruí-los.

Como a dor física assinala um problema orgânico e estimula quem a sofre a se engajar em ações urgentes com o objetivo de remediá-la, os escrúpulos morais assinalam os perigos que ameaçam os vínculos inter-humanos – e promoveriam uma reflexão mais profunda e uma ação mais adequada e enérgica, não fossem atenuados pelos tranquilizantes e analgésicos morais fornecidos pelo mercado. Nossas intenções de fazer bem aos outros foram comercializadas. No entanto, não é aos mercados de consumo que se deve atribuir a responsabilidade maior, muito menos a única, pelo que tem acontecido. Intencionalmente ou não, os mercados de consumo são *coadjuvantes* no crime de romper os vínculos inter-humanos; coadjuvantes tanto antes quanto depois de cometido o crime.

A segunda interface entre os mercados de consumo e a ética situa-se dentro da ampla área das preocupações identitárias e das tentativas de identificação sobre as quais tende a se concentrar hoje boa parte de nossas estratégias e preocupações existenciais.

Uma das características mais preeminentes da vida que se leva num ambiente líquido-moderno é a instabilidade endêmica e em aparência incurável da posição social (não mais irrevogavelmente atribuída nem reconhecida de uma vez por todas) – assim como a obscuridade dos critérios pelos quais o "lugar no mundo" de uma pessoa pode ser oficialmente avaliado, assim como o das agências autorizadas a fazer valer essa avaliação. Desse modo, não admira que a questão da autoidentidade esteja hoje no topo da agenda existencial da maioria dos indivíduos. Como no caso daquele outro tema capaz de gerar uma incerteza aguda, o enfraquecimento e a crescente fragilidade dos vínculos humanos, a instabilidade e a insegurança em relação ao lugar das pessoas na sociedade atraem a atenção do mercado de consumo – porque esse é um aspecto da condição humana de que os fornecedores de bens de consumo podem se aproveitar com prodigalidade.

O truque consiste em conciliar o que em aparência continuaria inconciliável enquanto só se empregarem recursos individualmente administrados (ou seja, na ausência de meios garantidos, pelo menos na promessa, por forças supraindividuais aceitas e reconhecidas do ponto de vista universal); ou seja, conciliar a segurança (ainda que por curto prazo) de uma identidade selecionada com a certeza (ou pelo menos a alta probabilidade) de que ela venha a ser logo substituída por outra opção quando a atual se tornar insegura ou menos atraente. Em suma, conciliar a capacidade de *fixar-se a* uma identidade com a de *mudá-la* quando se deseja – a capacidade de "ser quem se *é*" com a de "tornar-se outra pessoa". É a posse simultânea das duas capacidades que o ambiente líquido-moderno exige, e são as ferramentas e os símbolos necessários para exercê-las que os mercados de consumo prometem fornecer.

Uma vez mais, as necessidades dos indivíduos e as ofertas do mercado têm uma relação – nesse caso, tal como no encontro antes debatido entre consumismo e descarte da responsabilidade moral – semelhante à do ovo e da galinha; um não pode ser concebido sem o outro, embora decidir qual dos dois é causa e qual é efeito esteja fora de questão. Contudo, a defesa da indispensabilidade, assim como da conveniência, da confiabilidade e da eficácia, dos serviços do mercado de consumo é algo que deve ser feito de maneira convincente. O terreno já foi preparado para essa defesa ao se estabelecer um laço entre preocupação moral e bens de consumo; o que resta a fazer é transplantar as inclinações arraigadas e desenvolvidas no contexto da "responsabilidade pelo Outro" para o contexto da "responsabilidade por (e para com) si mesmo". "Você o ganhou", "você o merece", "você deve isso a si mesmo", clamores invocando termos emprestados ou roubados do domínio das obrigações morais precisam ser e são ressemantizados para legitimar o comodismo consumista.

O que quer que sobre da peculiaridade ética dessa ressemantização incongruente da ideia de responsabilidade e preocupação moral tende a ser encoberto ou extirpado dando-se ao comodismo um lustre moral; para fazer alguma coisa, primeiro você precisa ser alguém; para ser capaz de se preocupar com os outros, primeiro você precisa adquirir, proteger e manter os recursos que essa capacidade exige. E você não pode atingir essa condição a menos que aceite a oferta, pelo mercado, dos meios capazes de transformá-lo em "alguém"; ou seja, a menos que seja capaz e esteja disposto a acompanhar o progresso (leia-se: a última moda); e a menos que se possa confiar em que continuará flexível e ajustável, determinado a mudar depressa quando isso for exigido – continuar sólido em seu compromisso com a fluidez; em suma, a menos que você esteja bem-posicionado e portanto bem-armado para se preocupar com os outros de maneira efetiva e tornar garantido o bem-estar deles.

Como você já sabe o quanto isso depende de seu acesso aos bens de consumo, é óbvio que, para seguir suas inclinações morais, você precisa traduzir o postulado de "ser alguém" na capacidade de garantir que terá todos os bens, na quantidade e qualidade certas, de que precisa para fazer face à sua responsabilidade pelos outros. Margaret Thatcher, infalível exegeta da filosofia das barracas do mercado, afirmou oficialmente, reescrevendo o

Evangelho, que o bom samaritano não poderia ser um bom samaritano se não tivesse dinheiro.

Em suma, para ser moral você precisa adquirir bens; para adquirir bens, precisa de dinheiro; para adquirir dinheiro, precisa vender-se – a um bom preço e com um lucro decente. Você não pode ser um comprador a menos que se torne uma mercadoria que pessoas desejem comprar. Por conseguinte, o que você precisa é de uma identidade atraente, vendável. Você deve isso a si mesmo – porque, CQD, você o deve aos outros.

Deixe de se preocupar com esses linguarudos por aí que o acusam de ser desagradavelmente egoísta ou de ter motivos iníquos e hedonistas. Você é egoísta mesmo, e o é por motivos altruístas. O que para alguns simplórios pode parecer comodismo de fato é a implementação de um dever moral; ou, pelo menos é assim que você deve reagir, indignado, ao ser repreendido por concentrar sua energia moral não utilizada no cuidado com seu corpo e sua imagem. Obviamente, você pode recorrer a tal argumento, e com grande efeito, quando repreendido – ruidosamente – por outros; mas pode fazê-lo mesmo quando censurado – aos sussurros – pela própria consciência.

Em reação a essas acusações, pode-se ganhar confiança com a crença induzida pelo mercado, de que, afinal, a única razão de ser das mercadorias é a satisfação que elas trazem; e que a tarefa existencial de uma mercadoria é realizada, e seu direito de existir exaurido, quando a satisfação se interrompe, ou quando uma satisfação maior pode ser extraída de sua substituição por outra mercadoria. Essa crença estimula uma circulação mais rápida de mercadorias ou serviços, embora alertando contra o desenvolvimento de ligação e lealdade duradouras a qualquer uma delas.

Com a preocupação moral voltada para a carreira, a diferença entre o tratamento recomendado para as mercadorias "animadas" e as comuns, "inanimadas", é quase empalidecida ou negada do ponto de vista de seu significado moral. Em ambos os casos, o fim da satisfação produzida por uma "mercadoria", ou sua redução aguda, equivale à invalidação do visto de residência no universo das obrigações morais. Redirecionados para o aperfeiçoamento da carreira, os impulsos morais transformam-se numa das principais causas da erosão e enfraquecimento dos vínculos inter-humanos, assim como de nossa indiferença coletiva diante do acúmulo das evidências de práticas excludentes cada vez mais generalizadas e "naturalizadas".

A terceira interface entre consumismo e ética, um derivado ou "consequência imprevista" das duas antes apresentadas, é o impacto do primeiro sobre a sustentabilidade de nosso lar comum, o planeta Terra. Agora sabemos muito bem que os recursos têm limites e não podem ser estendidos indefinidamente. Também sabemos que os recursos limitados do planeta são modestos demais para acomodar níveis de consumo que se ampliam por toda parte, até atingir os padrões hoje alcançados nas regiões mais ricas do mundo; os mesmos padrões pelos quais tendem a ser avaliados sonhos, perspectivas, ambições e postulados do resto do planeta na era das autoestradas da informação (segundo alguns cálculos, isso exigiria multiplicar por cinco os recursos da Terra; seriam necessários cinco planetas no lugar do único que temos).

Todavia, a invasão e anexação do reino da moral pelos mercados de consumo fizeram com que este ficasse encarregado de funções que só pode desempenhar aumentando ainda mais os níveis de consumo. É essa a principal razão para encarar o "crescimento zero", tal como avaliado pelo produto interno bruto (a estatística referente à quantidade de dinheiro que muda de mãos nas transações de compra e venda) como algo próximo a uma catástrofe não apenas econômica, mas também social e política.

Em grande parte por causa de suas funções extras – que não são ligadas ao consumo nem pela natureza nem por uma "afinidade natural" –, a probabilidade de se estabelecer um limite ao aumento do consumo, para não dizer reduzi-lo a um nível ecologicamente sustentável, parece ao mesmo tempo nebulosa e repugnante – algo que nenhuma força política "responsável" (leia-se: nenhum partido preocupado com as próximas eleições) seria capaz de incluir em sua agenda política. Pode-se supor que a *comodificação* das responsabilidades éticas, os principais materiais e ferramentas de construção do convívio humano, combinada à dissolução gradual mas inexorável de qualquer forma alternativa, fora do mercado, de manifestá-lo, é um obstáculo muito mais formidável à contenção e à moderação dos apetites de consumo que os pré-requisitos inegociáveis da sobrevivência social e biológica.

Se o nível de consumo determinado pela sobrevivência social e biológica é por natureza estável, os níveis exigidos para satisfazer as outras necessidades que o consumo promete, espera e exige serem atendidas são (novamente por sua própria natureza) inerentemente crescentes e orientados para a expansão; a satisfação dessas necessidades agregadas não depende da manutenção de padrões estáveis, mas da velocidade e do grau de sua expansão.

Os consumidores que se voltam para o mercado buscando satisfazer seus impulsos morais e cumprir seus deveres de identificação (leia-se: comodificação) veem-se obrigados a procurar diferenciais de valor e volume; portanto, esse tipo de "demanda de consumo" é um elemento esmagador e irresistível no que se refere à pressão ascendente. Assim como a responsabilidade ética pelos Outros não tolera limites, o consumo investido da tarefa de desafogar e satisfazer impulsos morais oferece resistência a qualquer tipo de restrição à sua ampliação. Atrelados que foram à economia consumista, os impulsos morais e as responsabilidades éticas foram reciclados, de modo irônico, no mais terrível obstáculo, no momento em que a humanidade se vê em confronto com o que é sem dúvida a mais formidável ameaça à sua sobrevivência; uma ameaça que não pode ser enfrentada sem um volume muito grande, talvez sem precedentes, de autorrestrição e disposição ao autossacrifício.

Uma vez estabelecida e mantida em movimento pela energia moral, a economia consumista tem apenas o céu como limite. Para ser eficaz na tarefa que assumiu, não pode se permitir reduzir o ritmo, muito menos fazer uma pausa e ficar parada.

Em consequência, deve assumir de maneira tácita a ausência de limites à sustentabilidade do planeta e a infinitude de seus recursos. Desde o começo da era do consumo, ampliar a quantidade de pão foi considerado o remédio evidente, na verdade um profilático perfeito, para os conflitos e disputas em torno da redistribuição do alimento. Eficaz ou não no que concerne a suspender as hostilidades, essa estratégia tinha de presumir a existência de suprimentos infinitos de farinha e fermento. Agora nos aproximamos do momento em que serão expostos a falsidade desse pressuposto e os perigos de se apegar a ele. Talvez seja a hora de redirecionar a responsabilidade moral para sua vocação básica, a da garantia mútua de sobrevivência. Nesse redirecionamento, a "descomodificação" dos impulsos morais, contudo, parece se destacar entre todas as condições necessárias.

O momento da verdade talvez esteja mais próximo do que parece a partir das prateleiras superlotadas dos mercados, dos sites recheados de pop-ups comerciais e dos coros de conselheiros e especialistas em autoaperfeiçoamento que nos ensinam a fazer amigos e influenciar pessoas. A questão é como anteceder e prevenir sua chegada com um momento de despertar. A tarefa não é fácil, com certeza. Será preciso, nada mais, nada menos, que o universo das obrigações morais passe a abranger a humanidade como um todo, juntamente com sua dignidade e seu bem-estar, assim como a sobrevivência do planeta, seu lar comum.

· 6 ·

Privacidade, sigilo, intimidade, vínculos humanos – e outras baixas colaterais da modernidade líquida

Alain Ehrenberg, analista singularmente perspicaz da convoluta trajetória histórica, curta, porém dramática, do indivíduo moderno, tentou apontar a data de nascimento da primeira revolução cultural moderna (pelo menos em seu ramo francês), a qual nos abriu as portas para o mundo líquido-moderno que continuamos a habitar; encontrar uma espécie de equivalente, na revolução cultural do Ocidente, à salva de artilharia do navio de guerra *Aurora*, que deu sinal para o ataque e captura do Palácio de Inverno, dando início a setenta anos de dominação bolchevique. Ehrenberg escolheu a noite de uma quinta-feira de outono, na década de 1980, quando certa Vivienne, uma "mulher francesa comum", declarou durante um talk-show de TV, portanto, diante de vários milhões de espectadores, que, uma vez que seu marido Michel sofria de ejaculação precoce, ela jamais experimentara um orgasmo em toda sua vida de casada.

O que foi revolucionário na fala de Vivienne para justificar a escolha de Ehrenberg? Dois aspectos muito relacionados. Em primeiro lugar, atos essencialmente, até eponimicamente *privados*, foram revelados e debatidos em *público* – ou seja, diante de todos que quisessem ou tivessem tido a chance de escutar. Em segundo lugar, uma arena *pública*, um espaço aberto sem controle de entrada, foi usado para expressar e expor um tema de importância, interesse e emoção profundamente *privados*. Entre si, esses dois passos revolucionários de fato legitimaram o uso *público* de uma linguagem desenvolvida para conversas *privadas* entre um número limitado de pessoas escolhidas; uma linguagem cuja principal função fora até então estabelecer um limite entre os domínios do "privado" e do "público".

Essas duas rupturas interconectadas deram início à apresentação em público, para uso e consumo de uma audiência pública, de um vocabulário destinado a ser empregado para narrar experiências privadas, subjetivamente vividas (*Erlebnisse* em vez de *Erfahrungen*). Com a passagem dos anos, tornou-se claro que a verdadeira importância do evento foi ter eliminado a divisão, antes sacrossanta, entre as esferas do "privado" e do "público" no que se refere à vida humana, tanto corporal quanto espiritual.

Olhando o passado com o benefício que uma visão retrospectiva nos proporciona, podemos dizer que o aparecimento de Vivienne diante de milhões de franceses, homens e mulheres, grudados a suas telas de TV, também introduziu os espectadores e, por meio deles, o resto de nós a uma *sociedade confessional*, um tipo de sociedade até agora desconhecido e inconcebível, em que microfones são fixados dentro de confessionários, esses cofres e depositórios geradores dos segredos mais secretos, aqueles a serem divulgados apenas a Deus ou a seus mensageiros e plenipotenciários terrestres; e em que alto-falantes conectados a esses microfones são montados em praças públicas, lugares antes destinados a debater e expor questões de interesse, preocupação e urgência comuns.

O advento da sociedade confessional sinalizou o derradeiro triunfo da privacidade, essa distinta invenção moderna – embora também o início de sua vertiginosa queda dos píncaros de sua glória. Foi portanto o momento de uma vitória de Pirro, sem dúvida alguma; a privacidade invadiu, conquistou e colonizou o domínio público, mas à custa de perder sua autonomia, seus traços característicos e seu privilégio mais valorizado e defendido com ardor.

Mas comecemos pelo começo, a melhor maneira de compreender as reviravoltas atuais de um roteiro tão antigo quanto a era moderna.

O que é "privado"? Qualquer coisa que pertença ao domínio da "privacidade". Para descobrir o que hoje se entende por "privacidade", consultemos a Wikipedia, o site conhecido por buscar e registrar, com presteza e diligência, qualquer coisa que a sabedoria popular agora aceite ou acredite ser real; e por atualizar todos os dias suas descobertas, seguindo de perto alvos conhecidos por correr mais depressa que o mais dedicado de seus perseguidores. Como pudemos ler na versão em inglês da Wikipedia em 14 de julho de 2010, privacidade

> é a capacidade de um indivíduo ou grupo excluir a si mesmo, ou excluir informações sobre si, e desse modo revelar-se seletivamente. ... A privacidade é às vezes relacionada ao anonimato, o desejo de permanecer ignorado ou não identificado no domínio público. Quando algo é privado para uma *pessoa*, isso em geral significa haver nele alguma coisa que seja considerada inerentemente especial ou pessoalmente sensível. ... A privacidade pode ser vista como um aspecto da segurança – um aspecto em que as relações de equilíbrio entre os interesses de um grupo e de outro podem se tornar particularmente claras.

Por outro lado, o que é "arena pública"? Um espaço com acesso aberto a qualquer um que deseje entrar, olhar e ouvir. Tudo que é ouvido e visto na "arena pública", em princípio, pode ser ouvido e visto por qualquer um. Considerando-se que (para citar mais uma vez a Wikipedia) "o grau em que a informação privada é exposta depende de como o público vai receber essa informação, o que difere no tempo e no espaço", manter privado um pensamento, evento ou ação e tornar público qualquer um deles são obviamente coisas tão contraditórias quanto interdependentes (pois determinam os limites uma da outra): as terras do "privado" e do "público" tendem a estar em pé de guerra, tal como as leis e normas de decência que prevalecem nesses domínios. Para cada um deles, o ato de autodefinição e autoafirmação é realizado em oposição ao outro. Em geral, os campos semânticos das duas noções não são separados por linhas divisórias que estimulem ou permitam o tráfego nos dois sentidos, mas por fronteiras; de preferência, elas devem estar fechadas e superfortificadas de ambos os lados, contra os violadores e os renegados, assim como contra os indiferentes, que preferem sentar-se sobre as barricadas; porém, de modo mais específico, contra os desertores de ambos os lados. No entanto, mesmo que não se tenha declarado guerra nem realizado ações belicosas (ou que as hostilidades já tenham terminado), a fronteira que separa assuntos públicos e privados tolera, em geral, o tráfego de mão dupla *seletivo*; ser livre para qualquer tipo de tráfego desafiaria a própria noção de fronteira e a tornaria redundante.

O controle e o direito de decidir quem ou o que pode passar pela fronteira, quem ou o que deve ficar só de um lado, assim como o direito de decidir que itens de informação devem ter a prerrogativa de permanecer privados e quais aqueles a quem é permitido (pressionado ou decretado) se tornar públicos em geral são contestados com vigor. Se você quiser saber qual dos lados está hoje na ofensiva e qual está (tenaz ou tibiamente) tentando defender dos invasores seus direitos herdados ou adquiridos, há coisas piores a fazer que meditar sobre o profético pressentimento de Peter Ustinov (expresso em 1956): "Este é um país livre, madame. *Nós* temos o direito de compartilhar a *sua* privacidade no espaço público" (grifos nossos).

Durante a maior parte da era moderna, esperava-se ou temia-se quase exclusivamente que o ataque à atual fronteira entre público e privado – e, o que é ainda mais importante, as revogações unívocas e as mudanças arbitrárias nas regras em vigor a respeito do tráfego de fronteira – viesse do lado "público"; instituições públicas eram amplamente suspeitas da intenção de invadir e conquistar a esfera do privado e colocá-la sob sua administração, reduzindo de forma severa o domínio do livre-arbítrio e da livre escolha, privando os indivíduos ou grupos de proteção e, em consequência, de segurança pessoal ou coletiva. Os demônios mais sinistros e aterrorizantes a atormentar os tempos da "modernidade sólida" foram descritos de modo breve, mas brilhante, no tropo de George Orwell sobre "a bota esmagando a face humana".

De modo um tanto inconsistente, mas não sem fundamento, instituições públicas eram alvo de suspeita de más intenções ou práticas maliciosas ao erigirem barreiras bloqueando o acesso de muitas preocupações públicas à ágora ou a outros locais de livre intercâmbio de informação – locais em que era possível negociar uma ascensão dos problemas privados até o plano das questões públicas. É óbvio que o repugnante registro das duas variedades cruéis e vorazes de totalitarismo do século XX (as quais, como que para acrescentar desespero à desesperança, pareciam ter exaurido entre si o espectro de escolhas imagináveis; uma delas reivindicando o legado do Iluminismo e de seu projeto moderno, a outra depreciando esse ato fundador da modernidade como erro ou crime trágico, e rejeitando o projeto moderno como receita para o desastre) emprestou veracidade a essas suspeitas e assim também justificativa para a ansiedade resultante.

Embora não estejam mais no auge, tais suspeitas permanecem, e a ansiedade se recusa a diminuir; ela é galvanizada repetidas vezes, ressuscitada e revigorada por notícias sobre uma ou outra instituição pública transferindo de modo arbitrário outra grande parcela de suas próprias *funções* e obrigações do domínio "público" para o "privado", numa gritante violação dos usos arraigados na mentalidade democrática, mesmo que não codificados; enquanto isso, transferem, aberta ou sub-repticiamente, na direção oposta, coletam e armazenam para futuros usos malévolos volumes cada vez maiores de *informações* inegavelmente privadas.

No entanto, não importa o exemplo da suposta cobiça e malícia do domínio público, e sua imputada ou prevista agressividade; embora as percepções sobre elas tenham mudado com o passar do tempo, os alarmes sobre uma invasão e conquista da esfera pública por interesses privados, na melhor das hipóteses, eram poucos e espaçados. A tarefa que inspirava a maioria de nossos ancestrais e gerações mais velhas a pegar em armas era defender o domínio privado (e portanto a autonomia do indivíduo) da interferência indevida dos poderes constituídos. Isso até há pouco tempo. Porque hoje os relatos triunfantes sobre a "libertação" de sucessivas áreas do território público pelas tropas avançadas do privado, recebidas com aplauso e júbilo por multidões que observam o fato com avidez e alegria, aparecem misturados com premonições sombrias (ainda tímidas) e advertências (até agora esparsas e hesitantes) de que a pretensa "libertação" traz as marcas de uma conquista imperialista, de uma ocupação brutal e de um colonialismo rapace.

Sobre o *sigilo* (e portanto, indiretamente, sobre privacidade, individualidade, autonomia, autodefinição e autoafirmação, sendo o sigilo um ingrediente crucial e indispensável de todos eles), Georg Simmel, o intelectual mais arguto e perspicaz entre os fundadores da sociologia, observou que, para ter uma chance realista de sobreviver intacto, ele precisava ser *reconhecido pelos outros*.[1] Deve-se observar a regra de que "o que é oculto, seja intencionalmente ou não, é respeitado, intencionalmente ou não". Mas a relação entre essas duas condições (a da privacidade e a da capacidade de autodeterminação e autoafirmação) tende a ser instável e tensa – e "a intenção de ocultar" "ganha intensidade muito maior quando se choca com a intenção de revelar". A consequência da observação de Simmel é que, se essa "intensidade muito maior" não acontece, se o impulso de defender com unhas e dentes o que é secreto dos intrusos, intrometidos e arrogantes que não respeitam os segredos dos outros estiver ausente, *a*

Privacidade, sigilo, intimidade, vínculos humanos   115

privacidade estará em perigo. É exatamente isso que está acontecendo agora, como Peter Ustinov, atualizando a afirmação de Georg Simmel, captou acerca do espírito de nossa época – uma época apenas algumas décadas mais jovem que aquela em que se produziu o estudo de Simmel.

Ocasionais alarmes sobre riscos terminais à privacidade e à autonomia individual, emanados da ampla abertura da arena pública aos interesses privados, e sua gradual mas incessante transformação numa espécie de teatro de variedades dedicado à diversão ligeira, produzem pouca repercussão, se é que alguma, na agenda e na atenção públicas. O paradoxo da "desregulamentação" (leia-se: o abandono voluntário pelo Estado de grande número de competências ciumentamente guardadas no passado), acoplado à "individualização" (leia-se: o abandono, por parte do Estado, de grande número de seus antigos deveres ao domínio da "política de vida", individualmente gerenciada e operada), ambas apresentadas como a estrada real que conduz à vitória suprema dos direitos individuais – mas que de fato solapam os alicerces da autonomia individual ao privarem essa autonomia das antigas atrações que costumavam elevá-la à condição de um dos valores mais cobiçados –, é quase encoberto nesse processo, atraindo pouca ou nenhuma atenção e provocando pouca ou nenhuma ação.

Segredo, por definição, é aquela parte do conhecimento cujo compartilhamento com outros é rejeitado ou proibido e/ou controlado. O sigilo, por assim dizer, traça e demarca a fronteira da privacidade, sendo esta a área destinada a constituir o território próprio de alguém, o domínio de sua soberania indivisa, dentro do qual se tem o poder abrangente e indivisível de decidir "quem sou e o que sou" – e do qual se pode lançar e relançar campanhas para que essas decisões sejam e se mantenham reconhecidas e respeitadas. Numa surpreendente guinada de 180 graus em relação aos hábitos de nossos ancestrais, perdemos coragem, energia e sobretudo disposição de persistir na defesa desses direitos, esses tijolos insubstituíveis na construção da autonomia individual.

Em nossos dias, o que nos assusta não é tanto a possibilidade de traição ou violação da privacidade, mas o oposto: o fechamento das saídas. A área da privacidade está se transformando num local de encarceramento, o proprietário do espaço público é condenado e destinado a arcar com as consequências de suas ações; forçado a uma condição caracterizada pela ausência de ouvintes ávidos por extrair nossos segredos e tirá-los de trás das trincheiras da privacidade, colocá-los em exposição pública, torná-los propriedade comum de todos, e uma propriedade que todos desejam compartilhar.

Parece que não nos causa nenhuma alegria ter segredos, a menos que sejam do tipo capaz de fortalecer nossos egos atraindo as atenções dos pesquisadores e editores de talk-shows televisivos, das primeiras páginas dos tabloides e das capas de revistas de moda.

Como resultado disso tudo, agora é a esfera pública que se encontra inundada, congestionada e sobrecarregada, tendo se tornado alvo de invasão, ocupação e colonização permanentes pelas tropas da privacidade. Mas será que essas tropas estão deixando seus antigos abrigos – quartéis, paliçadas e fortalezas – estimuladas pelo impulso de conquistar novos postos avançados e construir novas guarnições? Ou estarão elas, em vez disso, fugindo em desespero e pânico de seus enclaves costumeiros e seguros, vistos agora como inabitáveis? Seria seu zelo sintoma de um recém-adquirido espírito de exploração e conquista? Ou antes o resultado e o testemunho da expropriação e da vitimização? Será que a tarefa de que foram incumbidos de realizar em nossa era líquido-moderna – a de descobrir e/ou decidir "quem eu sou e o que sou" – é assustadora demais para ser levada a sério dentro dos escassos terrenos da privacidade? Afinal, dia a dia se acumulam as evidências de que, quanto mais se busca experimentar, mediante inúmeras tentativas, e estabelecer sucessivas imagens públicas, menos provável é a perspectiva de alcançar a autoafirmação e a autoconfiança cuja promessa desencadeou todos esses esforços.

Essa é apenas uma das perguntas sem solução óbvia. Há outra, porém, que ainda espera em vão pela resposta. O sigilo, afinal, não é somente um instrumento da privacidade, usado para recortar um espaço próprio, para se colocar à parte dos intrusos e das companhias desagradáveis; também é um dos instrumentos mais poderosos para construir e manter o convívio, aproximar e proteger aquele que é o mais forte dos vínculos inter-humanos conhecidos e concebíveis. Ao se contarem segredos a algumas pessoas selecionadas, "muito especiais", enquanto se veda o acesso a todas as demais, constroem-se redes de amizade, apontam-se e mantêm-se "os melhores amigos", assumem-se e sustentam-se comprometimentos (na verdade, assinam-se cheques em branco, já que os compromissos são indeterminados e carecem de uma cláusula de retirada); frouxos agregados de indivíduos são remodelados, transformando-se em grupos unidos e integrados, possivelmente por muito tempo. Em suma, enclaves são extraídos do mundo dentro do qual é enterrado o choque incômodo e perturbador entre pertencimento e autonomia; em que as escolhas entre interesse privado e bem-estar dos outros, entre altruísmo e egoísmo, amor-próprio e preocupação com os outros deixem de atormentar e não mais fomentem e estimulem as angústias profundas e repetitivas da consciência.

Mas, como Thomas Szasz já observava em *The Second Sin*, de 1973, ao se concentrar num só (embora eficaz) instrumento da constituição de vínculos humanos, "o sexo tem sido, por tradição, uma atividade sobretudo privada. Aí está provavelmente sua força poderosa para unir pessoas num vínculo sólido. Ao tornarmos o sexo menos reservado, podemos estar privando-o do poder de manter unidos homens e mulheres." Até pouco tempo atrás, as atividades sexuais serviam como um genuíno epítome dos segredos íntimos, destinados a ser partilhados com a maior discrição e só com pessoas selecionadas com muito cuidado. Em outras palavras, ofereciam um grande exemplo dos mais fortes vínculos inter-humanos, os mais difíceis de cortar e dividir, portanto, os mais confiáveis.

Mas o que se aplica a esse instrumento e guardião da privacidade se aplica ainda mais a seus companheiros menos dotados, substitutos inferiores e pálidas cópias. *A atual crise da privacidade está inextricavelmente conectada à fragilização e decadência de todo e qualquer vínculo inter-humano.* Nessa interligação entre o colapso da privacidade e a ruptura dos vínculos, um fator é o ovo e o outro, a galinha, e é perda de tempo discutir sobre qual vem primeiro e qual vem depois.

Bom número de observadores (e a sabedoria popular que segue suas sugestões) tem investido a esperança de cumprir as promessas de atender às demandas da autoafirmação individual e de construção da comunidade, ao mesmo tempo reduzindo o conflito entre autonomia e pertencimento, na tecnologia de ponta, com sua assombrosa capacidade de facilitar o contato e a comunicação entre os homens. Mas a frustração dessa esperança ganha força e se dissemina.

Essa frustração talvez seja o preço inevitável da transmissão acelerada de informações oferecida pela criação da internet, também chamada de "autoestrada da informação". Todos os tipos de estrada recém-construídos fazem com que mais pessoas se sintam tentadas a adquirir veículos e usá-los cada vez com mais frequência; daí, as autoestradas tendem a ficar congestionadas (elas, por assim dizer, convidam, criam e alimentam o congestionamento), o que desafia sua promessa original. Levar as pessoas a seus destinos planejados com mais rapidez e menos esforço pode revelar-se uma tarefa muito mais angustiante do que se esperava.

No caso das "autoestradas da informação", contudo, há outro poderoso motivo de frustração: o destino das mensagens, os "veículos" que trafegam por esse tipo de rodovia, é, afinal, a *atenção humana*, que a internet é incapaz de ampliar, tal como não pode aumentar sua capacidade de consumo e digestão. Pelo contrário. Ajustar-se às condições criadas pela internet faz com que a atenção se torne fraca e acima de tudo inconstante, incapaz de se sustentar por muito tempo, treinada e acostumada a "surfar", mas não a se aprofundar, a "zapear" pelos canais, mas não a esperar até que algum dos enredos zapeados se revele em toda sua extensão e profundidade. Em suma, a atenção tende a ser treinada a patinar pela superfície muito mais depressa do que seria necessário para obter um lampejo do que está por baixo.

Para ter uma chance de serem notadas de alguma forma, as mensagens eletrônicas devem ser encurtadas e simplificadas, a fim de passarem todo o seu conteúdo antes que a atenção diminua ou se afaste para outro lugar; essa é uma necessidade que as torna inadequadas a transmitir ideias profundas que exijam reflexão e contemplação. Essa tendência a encurtar e simplificar mensagens, tornando-as cada vez mais rasas, e portanto ainda mais fáceis de se surfar, tem assinalado desde o início a breve mas tormentosa história da rede mundial.

Passamos de cartas longas, elaboradas e sensatas, de breves mas suculentos e-mails para as "mensagens de texto" ainda mais restritas e simplificadas do iPhone, e daí para "tuitar" sem ultrapassar os 140 dígitos. Aplicando-se ao mundo eletrônico o princípio darwiniano da "sobrevivência do mais apto" (ou a percepção de Copérnico e a lei de Gresham, segundo a qual "o mau dinheiro expulsa o bom"), a informação com maior probabilidade de obter a atenção humana é a mais breve e superficial, e também a menos carregada de significados; são sentenças no lugar de argumentos elaborados, simples "palavras-chave", em vez de sentenças, "fragmentos de sons" em vez de palavras. O preço que pagamos pela maior "disponibilidade" de informações é o encolhimento de seu conteúdo significativo; o preço da pronta disponibilidade é uma redução radical de sua significação.

A outra ambivalência endêmica (estritamente relacionada à primeira) à nova tecnologia de informação vem da imensa facilidade da *formação* de comunidades, num pacote que inclui a facilitação, também imensa, de seu desmonte. Usuários do Facebook gabam-se de fazerem quinhentos "novos amigos" num só dia – mais que eu consegui numa vida de 85 anos. Mas será que isso significa que, ao falarmos de "amigos", temos em mente o mesmo tipo de relacionamento?

Ao contrário do tipo de formação para o qual o termo "comunidade" (ou, nesse sentido, qualquer outro conceito que se refira ao lado público da existência humana, a "totalidade" da associação entre pessoas) foi criado, as "comunidades" da internet *não se destinam a perdurar*, muito menos a ser coextensivas à duração do tempo. É fácil juntar-se a elas; mas também o é deixá-las e abandoná-las no momento em que a atenção, as simpatias e antipatias, assim como o espírito ou os modismos da época, assumem outra direção; ou no momento em que o tédio provocado por "mais do mesmo, sempre o mesmo" se estabelece, fazendo com que o atual estado de coisas pareça árido e não apetecível, como cedo ou tarde ocorrerá num mundo de vida bombardeado por ofertas cada vez mais novas (e cada vez mais tentadoras e sedutoras).

As comunidades da internet (que há pouco ganharam o nome de "redes") são compostas e decompostas, ampliadas ou reduzidas em tamanho, pelas múltiplas ações provocadas por decisões e impulsos individuais de conectar-se" e "desconectar-se". São, portanto, mutáveis, frágeis e irremediavelmente fissíparas – e é exatamente por isso que tantas pessoas, lançadas no ambiente líquido-moderno, dão boas-vindas à sua chegada e as preferem às comunidades ao "estilo antigo", lembradas por monitorar a conduta diária de seus membros, mantê-los sob rédea curta, lutar contra qualquer sinal de deslealdade e mesmo de pequenos deslizes da parte destes, e por tornar impossível ou caríssimo mudar de opinião e tomar a decisão de sair. É precisamente seu perpétuo estado de transitoriedade, sua inerente natureza temporária, já que para sempre provisória, sua abstenção de exigir comprometimentos de longo prazo (muito menos incondicionais) ou a lealdade absoluta à disciplina estrita, que as torna tão atraentes para tantos – dados os ambientes fluidos pelos quais é tão famosa a forma de vida líquido-moderna.

A substituição das comunidades ao estilo antigo pelas redes da internet foi saudada por muitos como um grande salto na história da liberdade de escolha do indivíduo. No entanto, as mesmas características que tornam as redes desejáveis cobram um alto preço, que um número crescente de pessoas considera intragável e insustentável; um preço pago na moeda da segurança, que as comunidades ao estilo antigo forneciam, mas as "redes" da internet são incapazes de prometer com credibilidade.

Além disso, não se trata aqui de trocar um valor por outro, "um pouco de segurança por um pouco de liberdade". O desaparecimento das comunidades ao estilo antigo contribui para a libertação do indivíduo, mas os indivíduos libertados podem muito bem achar impossível (ou pelo menos além de sua capacidade individual e da capacidade dos recursos de que individualmente dispõem) fazer uso sensato de sua liberdade por decreto – serem livres não apenas de direito, mas também de fato. Aparentemente justa, a troca é vista por muitos de seus supostos beneficiários como algo que os torna mais infelizes e desesperançados, por conseguinte, *mais inseguros.*

Em suma, pode-se imaginar que a tarefa de conferir autenticidade à liberdade individual exige um estreitamento, e não um esgarçamento, dos vínculos de solidariedade inter-humanos. O compromisso de longo prazo que a solidariedade sólida promove pode ser visto como uma bênção ambígua – mas também a ausência de compromissos que torna a solidariedade tão inconfiável quanto desinibidora.

A coexistência do privado com o público é cheia de som e fúria. No entanto, sem essa copresença o convívio humano não seria mais concebível que a existência da água sem a copresença de hidrogênio e oxigênio. Cada um dos parceiros copresentes precisa do outro para permanecer em condição viável e sadia; em seu tipo de coexistência, uma guerra de atrito é equivalente ao suicídio de ambos. Agora, tal como no passado e no futuro, o interesse próprio e a preocupação com o bem-estar do outro apontam na mesma direção e recomendam a mesma filosofia e a mesma estratégia de vida. Motivo pelo qual não é provável que a busca de um acordo entre privado e público venha um dia a ser interrompida. Nem tampouco o som e a fúria que caracterizam suas relações.

· 7 ·

A sorte e a individualização dos remédios

Segundo o *Oxford English Dicitionary*, *luck*, ou "sorte", é uma palavra que na origem talvez estivesse ligada ao jogo, isto é, inventada e introduzida para descrever algo que poderia acontecer a alguém viciado e em perigo, a um jogador, mas que também poderia ser diferente do que foi, ou simplesmente não ter acontecido; em outras palavras, algo de ocorrência incerta e impossível de prever – e, o que é mais importante, sem conexão com qualquer coisa que o jogador pudesse ou tivesse de fazer, exceto entrar no jogo e, assim, "correr o risco", tal como os outros jogadores.

Na verdade, a "sorte" era um acontecimento que não podia ser atribuído a uma "causa" específica, a uma ação ou evento que a "determinasse", tornando esse acontecimento inevitável, irrevogável, necessário; a menos que fosse cancelado ou modificado por interferência de algum poder intrometido, embora invisível e inacessível (como a Fortuna, a deusa das oportunidades), de alguma agência secreta ou gangue especializada em fraudes com capacidade de decidir, de forma misteriosa, os altos e baixos do destino humano, à maneira de uma força divina, onipotente e sobre-humana; como no popular provérbio "O homem põe e Deus dispõe".

Uma vitória era exemplo de *boa* sorte, uma perda (e em particular uma série extraordinariamente longa de perdas), exemplo de *má* sorte; mas ambas ocorriam sem que houvesse uma razão lógica, e não era possível prevê-las com segurança, que dirá com certeza.

Boa ou má, a sorte era o próprio *oposto da certeza*. Falar de "sorte" pressupõe um ambiente em essência incerto; um ambiente indeterminado ou indefinido, nem preordenado nem pré-adquirido (não uma "conclusão antecipada"), mas acima de tudo imune e insensível a nossas próprias intenções e realizações. Um ambiente no qual tudo pode acontecer, mas em que não se pode prever de modo fidedigno a consequência de nenhuma realização. A "incerteza" desafia nossa capacidade de compreender a situação, agir com autoconfiança, buscar e alcançar os fins que estabelecemos.

Em outras palavras, o estado de incerteza, campo doméstico do jogo e da sorte, boa ou má, é um produto conjunto da *ignorância* e da *impotência* – os dois dragões que os herdeiros de são Jorge, no Iluminismo, prometeram, resolveram e tentaram ardorosamente matar (ou pelo menos afastar do mundo dos seres humanos e evitar seu retorno). "Ignorância" nesse caso significa a desconexão entre o que somos capazes de realizar e o que poderíamos ou deveríamos atingir.

Sentimos incerteza quando não conhecemos bem os tipos de fator que fazem de nossa situação o que ela é; assim, não sabemos quais deles devem ser empregados e colocados em movimento para tornar nossa situação mais agradável – ou os fatores necessários para evitar que ela piore; *sentimos impotência* quando aprendemos ou suspeitamos que, embora tivéssemos preparado um inventário completo de tais fatores, nos faltariam ferramentas, habilidades ou recursos para colocá-los em movimento ou para desligá-los, caso necessário. Em vez de nos fortalecer e estimular, o conhecimento que adquirimos, portanto, vai nos humilhar, expondo até que ponto somos inadequados para a tarefa.

É por isso que ter ao mesmo tempo o sentimento de incerteza e de impotência é uma condição muito desagradável, irritante e vergonhosa, além de insultante e humilhante. Também é por isso que passamos a ver as promessas gêmeas – a ciência substituir a ignorância pelo conhecimento; a tecnologia substituir a impotência pelo poder de agir com eficácia – como duas das mais magníficas glórias da era moderna, se não *as* mais magníficas. A modernidade chegou como a promessa e a determinação de vencer a incerteza; ou pelo menos de travar uma guerra de atrito total contra esse monstro de muitas cabeças. Filósofos do Iluminismo explicaram a súbita abundância de desconfortáveis e assustadoras surpresas, misérias e infortúnios infligidos pelas forças sem controle liberadas por longas guerras religiosas, escapando teimosamente ao poder debilitante do sistema local de pesos e contrapesos, pelo fato de Deus se haver retirado do gerenciamento cotidiano de sua criação – ou por uma falha na própria criação; ou seja, os caprichos e extravagâncias a que tendia a natureza em seu estado bruto, tão evidentemente estranha e surda às necessidades e aos desejos humanos, já que não foi domesticada nem controlada por engenhosidade, razão e trabalho humanos.

As informações preferidas podem ter sido diferentes, mas aos poucos foi surgindo a concordância de que a administração anterior dos assuntos humanos havia fracassado no teste, e de que o mundo precisava depressa ser submetido a uma nova gerência, desta vez *humana*. Essa nova gerência estava instruída e resolvida a confrontar de uma vez por todas os mais pavorosos demônios da incerteza: a contingência, a aleatoriedade, a falta de clareza, a ambivalência, a indeterminação e a imprevisibilidade. O objetivo declarado da mudança gerencial era subordinar a natureza desregulada e temerária (incluindo a natureza *humana*) ao domínio da razão; mais especificamente, reformar a natureza (novamente incluindo a natureza humana) segundo o padrão da razão – a qual, como todos deveriam saber, é animada e orientada por sua inimizade nata e incondicional com a contradição, a ambiguidade e toda espécie de anomalia, assim como por sua fidelidade inconteste ao preceito da ordem, da norma e da obediência à lei; em suma, um domínio da razão capaz de planejar no tempo devido os meios necessários para impor aos mundos natural e humano um padrão feito sob medida para necessidades e preferências humanas. Quando esse trabalho chegasse ao fim, o mundo humano não mais dependeria dos golpes da sorte. Em lugar de ser um presente do destino, bem-vindo, mas inexplicável e espontâneo, a felicidade humana seria um produto regular do planejamento baseado no conhecimento e suas aplicações. Uma vez que a modernidade cumprisse sua promessa, não seria mais preciso basear-se na sorte para ter bem-estar e felicidade.

O gerenciamento humano não conseguiu cumprir as expectativas populares, embora reforçado pelas abundantes garantias de doutos advogados e poetas da corte. É verdade que muitos arranjos herdados, acusados de contaminar de incerteza as atividades humanas, foram desmontados e liquidados; mas os padrões colocados em seu lugar acabaram produzindo o mesmo grau de incerteza – enquanto, em um número crescente de situações, os resultados das regras de conduta recomendadas revelaram-se dependentes do acaso. O número de variáveis desconhecidas nas equações da vida humana não dava sinais de diminuição. A esperada e prometida certeza, considerada tão previsível, não era avistada em parte alguma, continuava teimosamente além do alcance de seus perseguidores.

Nos primeiros cem ou duzentos anos da guerra à incerteza, a ausência de uma vitória convincente pôde ser desprezada, ou pelo menos subestimada. As suspeitas de que a incerteza pudesse ser uma companheira permanente, indelével e inseparável da existência humana foram descartadas como algo em princípio equivocado ou pelo menos altamente prematuro. Apesar das crescentes evidências em contrário, ainda era possível prognosticar que a certeza de fato apareceria no horizonte uma vez que se dobrasse a próxima esquina, ou a outra depois dela. O objetivo podia ter se revelado mais remoto do que parecera durante a impetuosa juventude da era moderna, mas o atraso, embora frustrante, não desvalorizava o objetivo nem atestava sua inatingibilidade; no máximo, mostrava que a tarefa era mais difícil do que se imaginara, exigindo ainda mais engenhosidade, esforço, recursos e sacrifício. A contínua presença da contingência ainda podia ser explicada pela insuficiência do conhecimento até então obtido, ou por erros de gerenciamento lamentáveis, mas corrigíveis – em vez de exigir uma reavaliação substantiva do destino presumido e postulado da aventura moderna.

Durante o último meio século, contudo, uma drástica mudança ganhou ímpeto em nossa visão de mundo; essa mudança foi muito além de nossa concepção acerca do papel da contingência na história humana e no itinerário existencial dos indivíduos, assim como de nossa crença na atenuação imediata de seu impacto trazida pelo progresso do conhecimento e da tecnologia. Nas mais recentes narrativas sobre as origens e o desenvolvimento do Universo como um todo, ou sobre as origens e a evolução da vida na Terra, assim como em nossas descrições das unidades elementares da matéria, os eventos aleatórios irregulares – imprevisíveis, já que indeterminados e contingentes – têm sido promovidos da condição de "distúrbios" ou "anomalias" extravagantes e marginais para a de fatores sempre presentes e explicações principais.

A ideia moderna de engenharia social baseava sua credibilidade no pressuposto da existência de "regras de profundidade" insuperáveis, até então não descobertas e pouco compreendidas, mas destinadas a vir à tona por obra da razão; de leis férreas que governariam a natureza e tornariam a existência humana ordeira e plenamente regular, uma vez que as contingências causadoras de turbulência fossem varridas do caminho. Porém, nos últimos cinquenta anos, mais ou menos, a própria existência dessas "leis férreas", e a própria plausibilidade (de fato, a possibilidade de conceituar) de cadeias inquebrantáveis de causa e efeito, é que veio a ser questionada – e cada vez mais desacreditada.

Estamos chegando à compreensão de que contingência, aleatoriedade, casualidade, ambiguidade e irregularidade não são produtos de erros ocasionais e em princípio retificáveis, mas características inalienáveis de toda existência; e, portanto, irremovíveis das vidas sociais e individuais dos seres humanos. As ciências naturais e humanas parecem pela primeira vez convergir para opiniões similares sobre a modalidade existencial de seus respectivos objetos. É como se o trem do pensamento científico tivesse sido (em sua totalidade, por ação ou omissão) redirecionado sob o impacto de drásticas mudanças na experiência humana vivida e nas práticas e ambições existenciais.

A direção para a qual o trem do pensamento acadêmico parece estar se encaminhando depois de fazer essa curva o aproxima das conclusões alcançadas bom tempo atrás por Jorge Luis Borges em sua reflexão filosófica sobre a aleatoriedade das recompensas e punições que caem sobre as pessoas sem nenhuma relação com o que estejam fazendo ou tenham deixado de fazer. Parecia, disse Borges no conto intitulado "A loteria da Babilônia", que em algum lugar das adegas da cidade se ocultava uma corporação clandestina que distribuía os golpes da sorte, bons e maus, simplesmente por sorteio, como o fazem todas as loterias. Borges enumerou uma série de teorias desenvolvidas por vítimas e beneficiários de sucessivos sorteios a fim de encontrar alguma ordem no que era, segundo todos os padrões, uma sequência aleatória de eventos; tudo só para concluir no final que "não faz diferença se alguém afirma ou nega a realidade da corporação misteriosa, pois a Babilônia não é nada mais que um infinito jogo de azar".

O que Borges sugere – e não temos boas razões para negar nem argumentos consistentes para refutar – é que estamos destinados a ficar eternamente imersos naquela insípida mistura de ignorância e impotência que originou nossas reflexões – seja qual for a Babilônia que por acaso habitemos. Não importa o quanto tentemos subordinar os efeitos de nossas ações a nossas intenções e condutas, com frequência elas diferem muito de nossas expectativas, e nos percebemos incapazes de decidir de antemão quando e quão diferente será este ou aquele efeito de nossos movimentos. É *como se* houvesse uma corporação secreta inclinada a manter os efeitos separados das causas, ou os resultados das ações separados de suas intenções. Ou talvez não haja uma ligação entre as causas e os efeitos, as intenções e os resultados de nossas ações; talvez esse laço exista apenas em nossa imaginação, famintos que somos de ordem e lógica; assim, talvez nada haja a ser encontrado, nenhum "conhecimento" para nos libertar de nossa ignorância; nada de regularidades e "regras de profundidade" que possamos descobrir e memorizar para nunca mais errarmos e ficarmos frustrados, e para assegurar que as boas coisas venham a nós *sempre* que estendermos as mãos para alcançá-las. Como responderia Borges, "não faz diferença". De onde quer que venha e independentemente de quem possa administrá-lo, o "jogo infinito das probabilidades" não permite escapatória. Um estado de certeza é produto de uma imaginação fantasiosa auxiliada, estimulada e alimentada pelos horrores da incerteza contínua e ubíqua; um sonho cultivado por pessoas incertas e inseguras que podem ter consciência de que se trata de um sonho, mas são incapazes de parar de sonhá-lo. Quanto menos certeza e, portanto, menos segurança sentimos, mais intensos são nossos sonhos e mais desesperada é nossa busca de substitutos, paliativos, meias medidas, tranquilizantes – qualquer coisa que sirva para abafar o medo do desconhecido e adiar o momento de confrontar cara a cara a impotência. A "sorte" ocupa lugar de destaque na lista desses expedientes.

Em nossos tempos líquido-modernos há boa quantidade de razões, bem mais do que apenas há cinquenta anos, para sentir a incerteza e a insegurança. Digo "sentir" porque não podemos saber ao certo se o volume de incertezas cresceu; o que podemos garantir é que cresceu o volume de nossas aflições e preocupações. E cresceu porque a lacuna entre nossos meios de ação efetiva e a grandiosidade das tarefas com que nos defrontamos e somos obrigados a enfrentar se tornou mais evidente, mais óbvia e de fato mais gritante e assustadora nos dias de hoje do que parecia a nossos pais e avós. É essa impotência recém-percebida que torna nossa incerteza ainda mais assombrosa e ameaçadora que antes.

As duas lacunas mencionadas parecem abissais e intransponíveis. Uma delas atinge nossa visão sempre que levantamos a cabeça, na expectativa de espreitar alguma das poderosas forças "lá de cima", forças que podemos invocar (com esperança) para vir em nosso auxílio e nos proteger dos golpes do infortúnio. Esquadrinhamos céus e terras com pouco sucesso, dificilmente encontrando o que estamos procurando, enquanto nossos pedidos de ajuda continuam a ser ignorados. Quanto à outra lacuna com que somos obrigados a lidar em nosso quotidiano, ela se estende entre onde *estamos* e onde desejamos, sentimos que devemos, somos tentados ou dirigidos *a estar*; mas, na maioria dos casos, consideramos a lacuna entre as duas margens do desfiladeiro ampla demais para que se possa atravessá-la.

A primeira lacuna surgiu em decorrência do divórcio entre poder e política. "Poder" é uma abreviatura da capacidade de fazer coisas – enquanto "política" significa a capacidade de decidir quais são as coisas que devem ser feitas (ou seja, para que finalidade se deve usar o poder disponível). Até bem pouco tempo atrás, poder e política residiam e mantinham estrita colaboração dentro das repartições do Estado-nação: isso tornava poderosa a política conduzida pelos soberanos do Estado-nação, ao mesmo tempo que colocava o poder sob o controle da política. Sua separação e iminente divórcio constituíram uma surpresa; afinal, tanto as forças ávidas por reformar o status quo quanto aquelas inclinadas a preservá-lo contavam com os órgãos do Estado como executores confiáveis e adequados de suas intenções e veículos corretos para as ações que planejavam. As forças "progressistas" e "conservadoras" discutiam sobre *o que* deveria ser feito, enquanto a questão de *quem deveria fazê-lo* não as preocupava. Para ambas, as instituições capazes de decidir os projetos políticos eram os órgãos de ação mais poderosos e adequados, e assim deveriam continuar – já que a soberania do Estado sobre seu território era reconhecida como absoluta, indivisível e incontestável.

Porém, esse não é mais o caso. Muitos dos poderes exercidos pelas instituições políticas do Estado, se não a maioria deles, "evaporaram" no "espaço dos fluxos" (como diz Manuel Castells) – uma terra de ninguém que se estende além do alcance de qualquer Estado ou combinação de Estados. Eles são potentes o bastante e dotados da mobilidade necessária para menosprezar ou ignorar fronteiras entre Estados e interesses locais, além de leis e normas de ação válidas no território. Os poderes responsáveis por traçar a divisa entre opções realistas e não realistas foram emancipados da maior parte das restrições que os poderes territoriais dos Estados-nação são capazes de impor ou mesmo considerar. Nesse nível global, a discrepância entre os meios disponíveis e os objetivos de ação propostos assume a forma de um confronto perpétuo entre a política, que sofre de um déficit crônico de poder, e o próprio poder, liberto das limitações politicamente impostas.

A segunda lacuna surgiu na outra ponta da hierarquia de poder: no plano da "política de vida" (usando os termos de Giddens). Como o poder de agir com eficácia escapou de suas mãos, os Estados enfraquecidos foram obrigados a se submeter às pressões dos poderes globais e a "terceirizar" grande número de funções que antes desempenhavam para a habilidade, o interesse e a capacidade dos indivíduos. Como assinalou Ulrich Beck, espera-se dos indivíduos que, por sua conta, busquem e encontrem respostas individuais para problemas gerados no plano social, atuem em relação a eles usando seus recursos individualmente administrados e assumam responsabilidade por suas escolhas e pelo sucesso ou fracasso de suas ações; em outras palavras, somos agora "indivíduos por decreto", aos quais se obriga (e de quem se espera) que sejam capazes de planejar as próprias vidas e reúnam tudo que se faça necessário para buscar e atingir seus objetivos existenciais.

Para a maioria de nós, o suposto poder de conseguir que as coisas sejam feitas parece suspeito – totalmente, ou pelo menos em grande parte, algo fictício. A maioria de nós carece dos recursos necessários para se erguer da condição de "indivíduos por decreto" à posição de "indivíduos de fato". Faltam-nos tanto o *conhecimento* necessário quanto o *vigor* exigido. Nossa ignorância e nossa impotência em encontrar soluções individuais para problemas socialmente produzidos resultam na perda da autoestima, na vergonha da inadequação e nas dores da humilhação. Tudo isso se combina na experiência de um estado de infelicidade permanente e incurável, alimentado pela incerteza: a incapacidade de controlar a própria vida – somos, portanto, condenados a uma condição semelhante ao plâncton movido por marés cuja origem, sincronização, direção e intensidade são desconhecidas. Viver sob uma nuvem de ignorância e impotência, em ambientes inundados de incertezas, beneficia demais o atual retorno da categoria "sorte", recuperando-lhe as boas graças do público, antes revogadas e negadas por conta de sua relação íntima com a contingência, o acidente, a aleatoriedade e outras abominações que a modernidade jurou tornar redundantes e varrer das vidas humanas. De obstáculo, a afinidade da sorte com os fatores da desordem e do acaso transformou-se em ativo. Uma vez que as instituições em teoria oniscientes e onipotentes – que prometeram racionalizar a convoluta trajetória do destino humano numa cadeia de movimentos ordenados e controláveis, padronizados e previsíveis, capazes de serem ensinados e aprendidos – não conseguiram cumprir sua promessa, cresceu a demanda de ideias alternativas capazes de tornar a existência, se não totalmente, ao menos em parte, compreensível, administrável – e viável.

Sorte, acaso, oportunidade eram os candidatos óbvios ao papel dessas ideias substitutas. A retumbante ressonância entre as imagens que elas invocavam e a experiência em primeira mão da vida cotidiana falava – e continua falando – em seu favor. Afinal, parece que todos nós estamos vivendo na Babilônia de Borges, governada pelo traçado de destinos numa loteria desconhecida, invisível, administrada por uma corporação igualmente desconhecida e invisível. Ou, como George Steiner batizou o código que regula nossas existências, vivemos numa cultura de cassino.

A sorte e a individualização dos remédios

Com o ideal da certeza situado além de nosso alcance individual e coletivo, e cada vez mais reconhecido como tal, a probabilidade parecia ser a segunda melhor escolha na busca de ideias substitutas. Não podemos dizer o que vai acontecer se, em determinado caso, fizermos isto ou aquilo. Mas de uma coisa podemos estar "bastante seguros": se continuarmos a fazer isto ou aquilo muitas vezes, uma quantidade calculável de tentativas nos trará sucesso. (Por exemplo, quanto maior o número de tentativas de lançar um dado, maiores serão as chances de todas as seis faces aparecerem na parte de cima; não admira que uma forma popular inglesa de descrever uma pessoa absolutamente honesta e equilibrada seja "*as straight as a die*", ou "tão correta quanto um dado".)

Não podemos prever o resultado de nenhum de nossos movimentos, mas podemos calcular a probabilidade de os resultados serem positivos; e, inversamente, podemos calcular a probabilidade de serem negativos – em outras palavras, o "risco de fracasso". O pressuposto tácito que sustenta essa esperança é que, num número suficientemente amplo de tentativas, os efeitos de fatores perturbadores, como acidentes, irão, por assim dizer, "se anular". E, uma vez feitos os cálculos, podemos escolher um tipo de ação que torne o sucesso mais provável que outros. Não seria isso que Sêneca tinha em mente ao fazer a famosa afirmação de que "A sorte vem para quem está preparado"?

Se na categoria da certeza não há espaço para os golpes da sorte ou do infortúnio, a ideia de risco não vive sem eles. Como qualquer jogador de roleta pode testemunhar, tendo aprendido da maneira mais difícil que, embora as probabilidades de dar um número vermelho ou preto sejam iguais, isso não o impede de perder um montão de dinheiro quando continua a apostar no vermelho durante uma série de quinze ou mais números pretos consecutivos. Embora o cálculo de probabilidades mostre que a cada mil rodadas de roleta pode-se esperar que os números vermelhos ganhem quinhentas vezes, você ainda precisa da sorte se deseja que saia um número vermelho quando aposta nele.

Lembre-se, a exatidão (e, portanto, a confiabilidade) dos cálculos de riscos aumenta com o volume de repetições; mas é altamente improvável que você seja capaz de repeti-los mil vezes, muito menos continuar repetindo infinitamente. Mesmo que pudesse, ainda não saberia se o dinheiro ganho iria cobrir os custos das tentativas "infelizes".

Não é esse, contudo, o único obstáculo que torna a confiança no cálculo de riscos uma frágil alternativa à crença em leis férreas da natureza que determinam e antecipam resultados, ou numa sociedade humana "ordenada". Afinal, não é a repetição infindável de ocorrências que nos inspira a recorrer às noções de boa ou má sorte a fim de apreender pelo menos a possibilidade de haver alguma lógica em variações surpreendentes de eventos. O que mais nos assusta é a probabilidade de sermos apanhados de surpresa, inconscientes, por uma catástrofe singular, portanto, por um tipo de ocorrência que escapa a qualquer cálculo de riscos baseado em grande número de acontecimentos repetitivos, e que além disso desafiaria nossos poderes de defesa mesmo que pudéssemos imaginá-lo de antemão.

A súbita transferência para uma terra distante da linha de produção que costumava fornecer a você e a seus vizinhos os meios de subsistência não se tornaria mais evitável pelo mais pedante dos cálculos de probabilidades; não mais evitável que o próximo tsunami, erupção vulcânica, terremoto ou derramamento venenoso de petróleo. Cálculos de risco podem ajudar num mundo caracterizado pela regularidade. Mas a irregularidade é a marca registrada do mundo que habitamos.

Assim, no ponto extremo de uma longa série de batalhas travadas pela modernidade contra a regra da "pura chance", temos oportunidade de testemunhar o retorno triunfante da "sorte" muito antes de esta chegar ao local do exílio onde fora sentenciada a permanecer até a eternidade.

· 8 ·

Procurando na Atenas moderna uma resposta à antiga pergunta de Jerusalém

Political Theology, de Carl Schmitt (concebido em 1922 e reciclado dez anos depois, com todos os ajustes necessários, como *The Concept of the Political*), pretendia ser para a teoria política o que o Livro de Jó é para o judaísmo e, por meio dele, para o cristianismo.

Tinha o objetivo e a expectativa (e para isso foi planejado) de dar resposta a uma das perguntas mais inquietantes entre aquelas "nascidas em Jerusalém": o tipo de pergunta da qual a mais famosa das ideias nascidas em Jerusalém – a de um mundo monocêntrico, governado por *um só Deus*, o criador onipresente e onipotente de estrelas, mares e montanhas, juiz e salvador de toda a Terra e de toda a humanidade – só podia ser pregnante. Essa pergunta dificilmente ocorreria em outro lugar – em particular aos atenienses vivendo num mundo congestionado de divindades maiores e menores de nações também maiores e menores; embora ela também não pudesse ocorrer aos antigos hebreus do "deus tribal", ao menos enquanto seu deus, de modo muito semelhante ao deus dos gregos, compartilhasse a terra (mesmo sua diminuta terra natal, Canaã) com incontáveis deuses de tribos hostis.

Essa pergunta não seria feita aos hebreus, contudo, mesmo que seu deus reivindicasse o domínio de todo o planeta, já que o Livro de Jó delineou previamente a resposta antes mesmo que a pergunta pudesse ser articulada e começasse a inquietá-los a sério. Essa resposta, recordemos, não poderia ser mais simples: *O Senhor deu, o Senhor tomou, abençoado seja o Seu nome.* Tal resposta exigia uma obediência resignada, não questionar nem debater; tampouco precisava de um comentário esclarecido ou de uma profusão de notas de rodapé para parecer convincente. A pergunta da qual a ideia de um só Deus era pregnante, contudo, só iria nascer quando o profeta hebreu Jesus declarou que ao Deus onipotente se somava o Deus do Amor; e quando seu discípulo são Paulo levou as boas-novas para Atenas – lugar onde se esperava que as perguntas, uma vez feitas, fossem respondidas, e em sintonia com as regras da lógica. O fato de essa resposta não estar prontamente disponível mostra a recepção bastante negativa que são Paulo recebeu da parte dos atenienses, assim como o fato de que, ao se dirigir "aos gregos", ele tenha preferido enviar suas missivas aos coríntios, muito menos sofisticados do ponto de vista filosófico.

No mundo dos gregos (um mundo policêntrico, tal como os mundos dos outros incontáveis povos politeístas) havia um deus distinto para cada ação e experiência humanas, e para cada situação e ocasião da vida; assim, havia também uma resposta para cada dúvida passada e futura – e acima de tudo uma explicação para qualquer incoerência, passada e presente, nas ações divinas; e uma receita para improvisar novas justificativas, a priori sensatas, caso outras incoerências fossem apontadas.

Para prevenir ou pelo menos neutralizar retrospectivamente o desafio divino à lógica humana, cabia haver muitos deuses: deuses voltados para objetivos contraditórios, da mesma forma que os seres humanos; deuses disputando com outros deuses, destruindo as realizações dos outros, cultivando rancores uns dos outros e vingando-se mutuamente de trapaças e pequenos delitos, da mesma forma que os homens; deuses cujas flechas podem ser desviadas de seus alvos por outras flechas, lançadas por arqueiros igualmente divinos. Os deuses só podiam sustentar

Procurando na Atenas moderna uma resposta... 137

sua autoridade divina e mantê-la não questionada coletivamente, como grupo; e quanto maior, melhor – de modo que a razão pela qual um deus ou uma deusa não manteve suas divinas promessas sempre poderia ser encontrada na maldição igualmente divina lançada por outro morador do congestionado Panteão, e portanto sem criar rancor contra a divindade em si nem colocar em dúvida sua sucinta sabedoria.

Todas essas explicações confortáveis da irritante aleatoriedade com que se espargiam a graça e a condenação divinas, uma casualidade surda e imune à piedade ou impiedade, ao mérito ou pecado humanos, deixaram de estar disponíveis quando a própria existência do Panteão passou a ser negada, e o Deus "único" estabeleceu seu domínio total e indivisível, abrangente e inconteste, depreciando todas as outras deidades (outros deuses tribais ou "parciais", "especialistas") como nada além de impostores e voltando seus esforços para provar a impotência deles. Assumindo um poder *absoluto*, a plena e indivisível soberania do Universo, o Deus da religião monoteísta assumiu a *responsabilidade* total pelas bênçãos e golpes do destino – pela má sorte dos miseráveis assim como pela (como diria Goethe) "longa sequência de dias ensolarados" daqueles bafejados pela fortuna. Poder absoluto significa *sem desculpas*. Se o Deus cuidadoso e protetor não tem rivais, também não pode ter uma explicação sensata, muito menos óbvia, para os males que atormentam os seres humanos sob seu controle.

O Livro de Jó transforma a assustadora *aleatoriedade* da natureza na *arbitrariedade* igualmente assustadora de seu governante. Proclama que *Deus não é obrigado a prestar conta de Suas ações a Seus adoradores*, e com toda certeza *não lhes deve desculpas*. Como Leszek Kolakowski incisivamente afirmou: "Deus não deve nada a ninguém" (nem justiça, nem desculpas pela falta de justiça). A onipotência divina inclui a licença para dar voltas e reviravoltas, dizer uma coisa e fazer outra; pressupõe o poder do capricho e da extravagância, o poder de fazer milagres e ignorar a lógica da necessidade em relação à qual seres inferiores não têm escolha senão obedecer. Deus pode bater como quiser, e se Ele se abstém de bater é apenas em razão de Sua própria vontade (boa, benigna, benevolente, amorosa). A ideia de que seres humanos possam *controlar* a ação de Deus, quaisquer que sejam os meios, incluindo aquele que o próprio Deus recomendou (ou seja, submeter-se total e incondicionalmente, seguir Seus mandamentos com humildade e fidelidade e obedecer ao pé da letra a Lei Divina), é uma blasfêmia.

Em franca oposição à natureza muda e entorpecida que Ele governa, encarna e personifica, Deus *fala* e *dá ordens*. Ele também descobre se as ordens foram cumpridas, recompensa o obediente e pune o recalcitrante. Não é *indiferente* ao que os frágeis seres humanos pensam e fazem. Mas, tal como a natureza muda e entorpecida, *não é influenciado* pelo que os humanos pensam e fazem. Ele pode *fazer exceções*, e as lógicas de coerência e universalidade não estão isentas do exercício dessa prerrogativa divina ("milagre" significa, em última instância, a violação de uma regra e uma renúncia à coerência e à universalidade).

Na verdade, a força incondicional de uma norma, por definição, é inconciliável com a verdadeira soberania – com o poder absoluto de *decidir*. Para ser absoluto, o poder deve incluir o direito e a capacidade de desprezar, suspender ou abolir a norma, ou seja, cometer atos que, na extremidade receptora, repercutem como milagres. A ideia de Schmitt de soberania do governante inculcaria uma visão pré-formada da ordem divina no campo da ordem legislativa do Estado: "A exceção na jurisprudência é análoga ao milagre em teologia. ... [A] ordem jurídica baseia-se numa *decisão*, e não numa *norma*."[1] O poder de isentar é ao mesmo tempo o alicerce do poder absoluto de Deus e do medo dos seres humanos, permanente, incurável, nascido da insegurança – o medo de que nenhum volume de piedade seja suficiente para afastar essa insegurança e impedir seu retorno. É exatamente isso que, segundo Schmitt, acontece no caso da soberania humana quando esta não é mais restrita pelas normas. Graças ao poder de isenção, os seres humanos, tal como eram antes da

Lei, são vulneráveis e inconstantes. Só que agora seu medo não produzirá uma dúvida pecaminosa sobre a onipotência do soberano. Pelo contrário, tornará essa onipotência ainda mais óbvia e imperiosa.

O que nos traz de volta ao começo, ao medo "cósmico" ou *primal*, que, segundo Mikhail Bakhtin, é a fonte tanto da religião quanto da política.

Esclarecendo o mistério do poder terrestre humano, humano demais, Mikhail Bakhtin, um dos maiores filósofos russos do século XX, começou com uma descrição do "medo cósmico", a emoção humana, demasiadamente humana, surgida da magnificência sublime e inumana do Universo; o tipo de medo que precede o poder construído pelo homem e lhe serve de alicerce, protótipo e inspiração.[2] O medo *cósmico*, nas palavras de Bakhtin, é a trepidação sentida diante do incomensuravelmente grande e incomensuravelmente poderoso: em face do céu estrelado, do volume material das montanhas, do mar, o medo de sublevações cósmicas e desastres naturais.

No cerne do "medo cósmico" encontra-se, observemos, a não existência do amedrontado, abatido e transitório, confrontada pela enormidade do Universo eterno; a própria fraqueza, incapacidade de resistir, a *vulnerabilidade* do corpo humano mortal, frágil e delicado, revelada pela visão do "céu estrelado" ou do "volume material das montanhas"; mas também a percepção de que não é da capacidade humana apreender, compreender ou assimilar mentalmente o poderio assombroso que se manifesta na própria grandeza do Universo. Este escapa a toda compreensão. Suas intenções são *desconhecidas*, suas próximas ações, *imprevisíveis*; e, mesmo que imaginadas, irresistíveis. Se há em seus atos um plano ou lógica preconcebidos, isso sem dúvida escapa à capacidade humana de *compreensão*. E assim, o "medo cósmico" é também o horror do desconhecido e do invencível – em suma, o terror da *incerteza*.

Vulnerabilidade e incerteza são também as duas qualidades da condição humana a partir das quais se molda aquele outro medo, o "medo oficial" – o medo do poder *humano*, do poder *construído* e *administrado* pelo homem. O "medo oficial" é construído segundo o padrão do poder inumano refletido pelo "medo cósmico" (ou melhor, que dele emana). Bakhtin insinua que o medo cósmico é usado por todos os sistemas religiosos. A imagem de Deus, governante supremo do Universo e de seus habitantes, é moldada a partir da conhecida emoção do medo da vulnerabilidade e do tremor em face da incerteza impenetrável e irreparável. Mas observemos que, ao ser remodelado por uma doutrina religiosa, o medo cósmico prístino, primevo, passa por uma transformação decisiva.

Em sua forma original, na qual nasceu espontaneamente, é o medo de uma força *anônima* e *muda*. O Universo assusta, mas não fala. Nada exige. Não dá instruções sobre como proceder nem se importa com o que os assustados e vulneráveis homens possam querer fazer ou deixar de fazer. Não pode ser sacrificado, bajulado ou ofendido. Não há sentido em conversar com o céu estrelado, as montanhas ou o mar e tentar insinuar-se para obter favores. Eles não vão ouvir; se ouvissem, não iriam escutar, que dirá responder. Não há sentido em tentar obter seu perdão ou benevolência. Além disso, a despeito de todo o seu tremendo poderio, eles não poderiam se conformar aos desejos dos penitentes, mesmo que se interessassem por estes; faltam-lhes não apenas olhos, ouvidos, mentes e corações, mas também capacidade de escolha e poder de arbítrio, e assim também a capacidade de agir por vontade própria e acelerar ou frear, interromper ou inverter o que de qualquer forma ocorreria. Seus atos são inescrutáveis aos frágeis humanos, mas também a si mesmos. São, como o Deus bíblico declarou no começo de Sua conversa com Moisés, "O que são", ponto final – mas *sem* declarar nem mesmo esse pouco.

"Sou o que sou" foram as primeiras palavras registradas vindas da fonte sobre-humana do medo cósmico naquele memorável encontro no topo do monte Sinai. Quando foram pronunciadas, só *porque* o foram, aquela fonte sobre-humana deixou de ser anônima, ainda que se abstivesse de se apresentar pelo nome e permanecesse além do controle e da compreensão humanos. Os seres *humanos* continuaram tão vulneráveis e inconstantes como antes, e portanto aterrorizados – mas algo muito importante aconteceu com a *fonte* de seu medo cósmico: ela deixou de ser surda e muda; adquiriu controle sobre a própria conduta. De agora em diante, poderia ser benigna ou cruel, recompensar ou punir. Poderia fazer exigências e tornar sua própria conduta dependente de sua obediência ou não. Não apenas podia *falar*, mas também era possível *falar com ela* em tom amigável ou raivoso.

E assim, de modo curioso, embora transformando seres amedrontados em escravos das ordens divinas, essa extraordinária transformação do Universo em Deus foi também um ato de *empoderamento humano indireto*. De agora em diante, os seres humanos deveriam ser dóceis, submissos e condescendentes – mas também, ao menos em princípio, poderiam fazer alguma coisa para garantir que as horrorosas catástrofes que temiam passassem por eles sem atingi-los, que as bênçãos que ambicionavam chegassem a suas mãos. Agora podiam ter noites livres de pesadelos e cheias de esperança em troca de dias cheios de aquiescência. "Houve trovões e relâmpagos, e uma nuvem carregada sobre o monte, ... e todo o monte sofreu um forte tremor"; "e assim todas as pessoas que estavam no acampamento tremeram".

Mas em meio a todo aquele tumulto e barulho horripilantes e atordoantes, a voz de Deus fora ouvida: "Agora, pois, se diligentemente ouvirdes a minha voz e guardardes a minha aliança, então sereis a minha propriedade peculiar dentre todos os povos. ... Então todo o povo respondeu a uma voz, e disse: Tudo o que o Senhor tem falado, faremos" (Êxodo 19). Obviamente satisfeito com seu juramento de obediência inabalável, Deus prometeu levá-los "a uma terra de que mana leite e mel" (Êxodo 33). Deus ofereceu ao seu povo uma aliança: ouçam-me e me obedeçam, e eu os farei felizes. Uma aliança é um tipo de contrato que, uma vez aceito, compromete *ambos* os lados. Ou pelo menos é o que deveria ser e se esperava que fosse.

Pode-se perceber que, se isto é para ser uma história do medo cósmico transformado em medo "oficial" (como insinuou Bakhtin), a história até agora contada foi insatisfatória, ou pelo menos incompleta. Ela nos diz que (e como) as pessoas passaram a ser limitadas no que quer que fizessem pelo código da lei (que havia sido explicitado em minuciosos detalhes depois de eles terem assinado um cheque em branco prometendo obedecer aos desígnios de Deus, não importando quais fossem); mas ela também sugere que Deus, uma vez transformado em fonte do medo "oficial", deve ser limitado e constrangido – pela piedade dos membros de seu povo. E assim, paradoxalmente, Deus (ou a natureza que Ele representava) havia adquirido vontade e capacidade de discriminação apenas para capitular diante deles! Pelo simples expediente de serem *dóceis*, as pessoas podiam forçar Deus a ser benevolente. Adquiriram, assim, um remédio evidente (somos tentados a dizer: infalível) contra a vulnerabilidade e se livraram do espectro da incerteza, ou pelo menos conseguiram mantê-lo a certa distância. Desde que observassem a Lei ao pé da letra, não ficariam vulneráveis nem seriam atormentados pela incerteza.

Mas sem a vulnerabilidade e a incerteza não haveria o medo; e sem o medo não haveria o poder. Restrito por regras, o Deus onipotente arrisca-se a ser uma *contradictio in adiecto* – uma contradição em termos –, um Deus *sem poder*. Mas um Deus sem poder *não* é uma força na qual se possa confiar que cumpra a promessa de fazer de certas pessoas seu "tesouro particular", sua "propriedade peculiar dentre todos os povos". Foi esse paradoxo que o Livro de Jó tentou resolver.

Embora violasse de maneira flagrante, uma a uma, as regras da aliança de Deus com sua "propriedade peculiar", o Livro de Jó era quase incompreensível para os cidadãos de um Estado moderno concebido como um *Rechstaat*. Ia contra a natureza daquilo que haviam sido treinados a acreditar como sendo o significado das obrigações contratuais pelas quais se orientava sua existência, e também a harmonia e a lógica da vida civilizada. Para os filósofos, a história de Jó era uma permanente e incurável dor de cabeça; destruía suas esperanças de descobrir (ou de instilar) lógica e harmonia no caótico fluxo de eventos chamado "história".

Gerações de teólogos arrancaram os cabelos tentando, em vão, entender esse mistério: tal como o restante dos homens e mulheres modernos (e qualquer um que memorizasse a mensagem do Livro do Êxodo), tinham aprendido a procurar uma regra e uma norma, mas a mensagem do livro era de que não havia regra nem norma em que se basear; mais precisamente, nenhuma regra ou norma que o poder supremo fosse obrigado a seguir. O Livro de Jó antecipa o áspero veredicto de Carl Schmitt: "O soberano é aquele que tem o poder da isenção." O poder de impor normas deriva do poder de suspendê-las ou torná-las nulas e inválidas.

Carl Schmitt, reconhecidamente o anatomista mais lúcido e sem ilusões do Estado moderno e suas embutidas inclinações totalitárias, adverte: "Aquele que determina um valor *eo ipso* sempre fixa um não valor. O sentido dessa determinação de um não valor é a aniquilação do valor."[3] Determinar o valor estabelece os limites do normal, do comum, do regular. O não valor é uma exceção que assinala essa fronteira.

A exceção é aquilo que não pode ser subsumido; ela desafia a codificação geral, mas ao mesmo tempo revela um elemento formal especificamente jurídico: a decisão em estado puro. ... Não há regra que seja aplicável ao caos. Para que a norma jurídica faça sentido, é preciso que se estabeleça a ordem. Cabe criar uma situação regular, e *o soberano é aquele que decide definitivamente se a situação é realmente efetiva*. ... Não apenas a exceção confirma a regra, mas a regra só vive da exceção.[4]

Giorgio Agamben, o brilhante filósofo italiano, comenta:

A regra se aplica à exceção ao não mais se aplicar, ao se afastar dela. O estado de exceção é, assim, não um simples retorno ao caos que precedeu a ordem, mas sim a situação resultante de sua suspensão. Nesse sentido, a exceção é verdadeiramente, de acordo com sua raiz etimológica, *levada embora [ex-capere]*, e não apenas excluída.[5]

Em outras palavras, não existe contradição entre *estabelecer uma regra* e *fazer uma exceção*. Pelo contrário, sem o poder de isentar da regra, não haveria poder para sustentá-la.

Tudo isso é reconhecidamente confuso; pode desafiar a lógica de senso comum, mas essa é a verdade do *poder*, e precisa ser considerada em qualquer tentativa de compreender seu funcionamento. O entendimento está em contradição com a crença: ele condiciona a crença à compreensão governada pela lógica, tornando-a, portanto, eternamente provisória. Só o incompreensível pode ser objeto de uma crença incondicional. Sem o Livro de Jó, o Livro do Êxodo não conseguiria estabelecer os alicerces da onipotência de Deus e da obediência de Israel.

A história da vida de Jó contada nesse Livro foi o mais agudo e insidioso dos desafios concebíveis (e o mais difícil de repelir) à ideia de ordem com base numa norma universal, e não em decisões (arbitrárias). Dados os conteúdos da caixa de ferramentas e as rotinas hoje disponíveis à razão, a história da vida de Jó foi um desafio à própria possibilidade de criaturas dotadas de razão (e portanto ansiando por lógica) se sentirem confortáveis no mundo. Tal como antigos astrônomos ficavam desesperados traçando sempre novos epiciclos para defender a norma do mundo geocêntrico das obstinadas evidências de observações no céu noturno, os doutos teólogos citados no Livro de Jó fizeram o impossível para defender a indissolubilidade dos laços entre pecado e punição, virtude e recompensa, contra provas regularmente fornecidas das dores infligidas a Jó – de todos os pontos de vista, uma pessoa exemplar, criatura piedosa, temente a Deus, verdadeiro modelo de virtude. Como se não fosse suficiente ter havido um retumbante fracasso em apresentar provas convincentes de que a credibilidade das explicações rotineiras do mal tivesse saído ilesa do amargo teste que foi o infortúnio do piedoso Jó, o denso nevoeiro em que a alocação da boa e da má sorte foi envolta não se desfez quando o próprio Deus entrou no debate. Quando Jó implorou: "Ensinai-me, e eu me calarei; e fazei-me entender em que errei. ... Por que me fizeste alvo dos teus dardos? Por que a mim mesmo me tornei pesado?" (Jó 6:24; 7:20), ele esperou em vão pela resposta divina. Jó já esperava isso: "Na verdade sei que assim é; mas como pode o homem ser justo para com Deus? Se alguém quisesse contender com ele, não lhe poderia responder uma vez em mil. ... Embora eu seja justo, não lhe posso responder. ... Eu sou inocente. ... Tudo é o mesmo, portanto digo: Ele destrói o reto e o ímpio" (Jó 9:2-3; 9:15, 21-22).

Jó não esperava obter resposta para sua queixa, e pelo menos nesse ponto ele estava certo. Deus ignorou sua pergunta e, em vez de respondê-la, questionou o direito de Jó de perguntar: "Cinge agora os teus lombos como homem; eu te perguntarei a ti, e tu me responderás. Farás tu vão também o meu juízo, ou me condenarás para te justificares a ti? Ou tens braço como Deus; ou podes trovejar com uma voz como a dele?" (Jó 40:6-9). As perguntas de Deus eram apenas retóricas, claro; Jó sabia muito bem que não tinha braço nem voz que se equiparassem aos de Deus, e assim, implicitamente, tinha consciência de que não era Deus que lhe devia uma explicação, mas ele é que devia a Deus um pedido de perdão. (Observemos que, sob a autoridade das Sagradas Escrituras, foram as palavras de Deus, não as de Jó, que saíram "da tempestade" – esse arquétipo de todas as outras calamidades conhecidas por serem surdas aos apelos por misericórdia e pelo caráter aleatório.)

O que Jó talvez não soubesse é que, nos séculos vindouros, todos os pretendentes terrenos à onipotência divina iriam descobrir que o caráter imprevisível e ocasional de suas trovejadas era bem mais assustador que suas armas, mais aterrorizante e

146 Danos colaterais

invencível. Qualquer um que quisesse roubar os trovões dos governantes teria primeiro de afastar a névoa da incerteza que os envolvia e transformar a *aleatoriedade* em *regularidade*, o estado de "anomia" (ausência de regra ou fluidez dos limites à regulação normativa) em *norma*. Mas Jó não podia então antecipá-lo: não era uma criatura da modernidade.

Susan Neiman e Jean-Pierre Dupuy há pouco sugeriram que o terremoto, o incêndio e o maremoto que, conjuntamente e em rápida sucessão, destruíram Lisboa em 1755 assinalaram o início da moderna filosofia do mal.[6] Os filósofos estabeleceram uma distinção entre desastres *naturais* e desgraças *morais*, sendo a diferença precisamente a *aleatoriedade* daqueles (agora transformada em cegueira) e o caráter *intencional* ou *proposital* destas.

Neiman assinala que, "desde Lisboa, os desastres naturais não têm mais qualquer relação aparente com as desgraças morais, já que não assumem mais significado algum" (Husserl afirmou que *Meinung*, "significado", vem de *meinem*, "pretender"; mais tarde, pós-Husserl, gerações de filósofos assumiriam como certo que não há significado sem intenção). Lisboa foi como um palco teatral para a história de Jó, encenada na costa atlântica sob as luzes da publicidade e à vista de toda a Europa – embora dessa vez Deus, Suas prerrogativas e credenciais estivessem amplamente ausentes da disputa que se seguiu ao evento.

Para manter fidelidade à natureza de todas as disputas, os pontos de vista dos participantes da discussão eram diferentes. Segundo Dupuy, o protagonista que deu o tom mais moderno ao debate foi, paradoxalmente, Jean-Jacques Rousseau, que, por sua celebração da antiga sabedoria de tudo que é "natural", foi frequente e erroneamente considerado um pensador pré ou antimoderno. Em sua carta aberta a Voltaire, Rousseau insistia que a culpa, se não pelo desastre de Lisboa em si, mas sem dúvida por suas consequências catastróficas e sua escala horripilante, era dos seres humanos, não da natureza (observem: *culpa*, não *pe-*

cado – ao contrário de Deus, a natureza não tinha a capacidade de julgar a qualidade moral dos atos humanos). Foi resultado da miopia dos homens, não da cegueira da natureza; produto da cobiça daqueles, não da arrogante indiferença desta. Se apenas "os moradores dessa grande cidade tivessem se espalhado de maneira mais uniforme e construído casas mais leves, haveria muito menos danos, talvez nenhum. E quantos miseráveis perderam a vida na catástrofe porque quiseram recolher seus pertences – alguns, seus papéis, outros, seu dinheiro?"[7]

A longo prazo, os argumentos na linha de Rousseau assumiram a dianteira. A filosofia moderna seguiu o padrão estabelecido pelo marquês de Pombal, o primeiro-ministro português na época da catástrofe de Lisboa, cujas preocupações e ações "concentraram-se na erradicação dos males que *podiam ser alcançados por mãos humanas*".[8] E acrescentemos que os filósofos modernos tinham a expectativa, a esperança e a crença de que as mãos humanas, uma vez equipadas com extensões planejadas do ponto de vista científico e tecnologicamente fornecidas, seriam capazes de se estender muito mais – no fim, o suficiente para controlar o que fosse necessário. Acreditavam que, com mãos humanas mais longas, o número de desgraças que permaneceriam fora de seu alcance iria diminuir – chegando a zero, se houvesse tempo e disposição suficientes.

Dois séculos e meio depois, podemos opinar, porém, que as expectativas dos pioneiros da modernidade, filosóficas ou não, foram frustradas. Como Neiman resume as lições de dois séculos que separam Lisboa (desencadeando as ambições modernas) de Auschwitz (que as desmantelou):

> Lisboa revelou a distância que separava o mundo dos seres humanos; Auschwitz revelou a distância que separava os homens de si mesmos. Se desenredar o natural do humano é parte do projeto moderno, a distância entre Lisboa e Auschwitz mostrou como era difícil mantê-los à parte. ... Se Lisboa marcou o momento de reconhecimento de que a teodiceia tradicional não tinha futuro,

Auschwitz assinalou o reconhecimento de que nenhum substituto se saiu melhor.[9]

Enquanto confrontava os seres humanos sob o disfarce de um Deus onipotente, mas benévolo, a natureza era um mistério que desafiava a compreensão humana; como, na verdade, ajustar a benevolência *cum* onipotência de Deus com a profusão de desgraças num mundo que Ele próprio havia planejado e posto em movimento? As soluções mais comumente oferecidas para esse dilema – os desastres naturais que afligiam a humanidade eram punições justas impostas por Deus aos pecadores morais; a suprema legislatura ética, a suprema corte de justiça e o braço executivo da lei moral se haviam fundido numa coisa só – não davam conta das duras evidências, resumidas de forma lacônica por Voltaire em seu poema composto para lembrar o terremoto e o incêndio de Lisboa em 1755: "o inocente, assim como o culpado, /sofre do mesmo modo esse mal inevitável".*[10] O desconcertante dilema atormentou os filósofos da modernidade emergente tal como fizera com gerações de teólogos. A evidente devassidão do mal em nosso mundo não podia se conciliar com a combinação de benevolência e onipotência imputada a seu construtor e gerente supremo.

A contradição não podia ser resolvida; apenas podia ser eliminada da agenda pelo que Max Weber descreveu como o *Entzauberung* ("desencanto") da natureza, que significa despi-la de seu disfarce divino – escolhido como o verdadeiro ato de criação do "espírito moderno": ou seja, da arrogância baseada na nova atitude de autoafirmação e confiança do tipo "podemos fazer, logo faremos".

Numa espécie de penalidade pela ineficácia da obediência, da oração e da prática da virtude (os três instrumentos recomendados como uma forma segura de evocar reações desejáveis do benevolente e onipotente Sujeito Divino), a natureza foi despida

---

* "L'Innocent, ainsi que le coupable, /subit également ce mal inévitable."

de subjetividade, sendo-lhe negada, portanto, a própria *capacidade* de escolher entre benevolência e malícia. Os seres humanos podiam ter a esperança de valorizar-se aos olhos de Deus e até de contestar Suas decisões e defender e negociar suas causas, mas tentar debater e barganhar com a natureza "desencantada" na esperança de obter favores era algo que não fazia sentido. A natureza fora despida da subjetividade não para restaurar e salvaguardar a subjetividade de Deus, mas a fim de preparar o caminho para uma *deificação de Seus súditos humanos.*

Com os seres humanos agora no comando, a incerteza e os "medos cósmicos" por ela alimentados não se desvaneceram, claro, e a natureza, despida de seu disfarce divino, não pareceu menos fantástica, ameaçadora e aterrorizante que antes; mas o que as preces não conseguiram realizar, a *techne* apoiada pela ciência, destinada a lidar com a natureza cega e *muda*, mas não com um Deus onisciente e *falante*, decerto conseguiria, desde que acumulasse as habilidades de fazer coisas e as usasse para que coisas fossem feitas. Agora se podia ter a expectativa de que a aleatoriedade e a imprevisibilidade da natureza fossem apenas uma perturbação temporária, e acreditar que a perspectiva de forçar a natureza à obediência aos seres humanos seria só uma questão de tempo.

Desastres *naturais* podiam (e deviam!) ser submetidos ao mesmo tratamento destinado aos males *sociais*, o tipo de adversários que, com a habilidade e o esforço devidos, poderiam ser exilados do mundo humano e impedidos de retornar. Os desconfortos causados pelas excentricidades da natureza acabariam sendo enfrentados de modo tão eficaz, ao menos em princípio, quanto as calamidades provocadas pela maldade e o desregramento humanos. Cedo ou tarde, *todas* as ameaças, naturais ou morais, se tornariam previsíveis e evitáveis, obedientes ao poder da razão. Quando isso iria acontecer, dependia apenas da determinação com que se empregassem os poderes da razão humana. A natureza se tornaria semelhante aos outros aspectos da condição humana que são feitos pelo homem e, portanto, em princípio,

150   Danos colaterais

administráveis e "corrigíveis". Como estava implícito no imperativo categórico de Immanuel Kant, quando empregamos a razão, nosso dom inalienável, podemos elevar a avaliação moral e o tipo de comportamento que desejamos universalmente seguido à categoria de *lei natural*.

É assim que, no início da era moderna e por boa parte da história, *esperava-se* que os assuntos humanos se desenvolvessem. Como indica a experiência atual, porém, eles têm se desenvolvido na direção oposta. Em vez de o comportamento orientado pela razão ser *promovido* à categoria de lei natural, suas consequências foram degradadas no plano da natureza irracional. As catástrofes naturais não se tornaram mais parecidas com deslizes morais "administráveis em princípio"; pelo contrário, foi destino da imoralidade tornar-se ou ser revelada como mais semelhante às catástrofes naturais "clássicas"; caprichosa como elas, imprevisível, inevitável, incompreensível e imune à razão e aos desejos humanos. Hoje os desastres provocados pela ação humana vêm de um mundo opaco, atacam de forma aleatória, em lugares impossíveis de prever, e escapam ou resistem ao tipo de explicação que separa as ações humanas de todos os outros eventos; uma explicação baseada no *motivo* ou *propósito*. Acima de tudo, as calamidades causadas por ações imorais humanas parecem ser, *em princípio*, cada vez menos administráveis.

Foi isso que Carl Schmitt encontrou no mundo em que nasceu e cresceu. Um mundo dividido entre Estados seculares que, segundo um resumo retrospectivo escrito por Ernst-Wolfgang Böckenförde, "sustentavam-se em precondições que eles próprios não podiam garantir".[11] A visão moderna de um "Estado poderoso, racional", um "Estado dotado de verdadeira substância", "erguendo-se acima da sociedade e permanecendo imune aos interesses sectários",[12] capaz de reivindicar a posição de precondição ou determinante da ordem social, posição antes assumida mas agora renunciada por Deus, pareceu dissolver-se

Procurando na Atenas moderna uma resposta... 151

e evaporar na realidade de disputas sectárias, revoluções, poderes incapazes de agir e sociedades relutantes em serem objeto de suas ações. As ideias que contribuíram para o nascimento da era moderna esperavam e prometiam eliminar e extirpar de vez as voltas e reviravoltas erráticas de um destino contingente, em conjunto com a resultante opacidade e imprevisibilidade da condição e das expectativas humanas que caracterizaram o domínio do Deus de Jerusalém; tais ideias "rejeitavam qualquer forma de exceção".[13] Buscavam no Estado liberal constitucional, do qual se esperava que substituísse o dedo caprichoso da divina providência pela mão invisível do mercado, uma precondição alternativa da ordem social que fosse sólida e confiável. Tais esperanças frustraram-se de maneira abominável, enquanto as promessas se estabeleceram em toda parte, menos ao alcance dos Estados que visavam. Nesse traje de Estado "poderoso e racional" moderno, o Deus de Jerusalém viu-se em Atenas, aquele confuso playground de deuses malvados e ardilosos – onde, segundo Platão, os outros deuses morreriam de rir quando ouvissem falar de sua pretensão ao status de "deus único", ao mesmo tempo garantindo (para estar do lado certo) que suas aljavas estivessem cheias de flechas.

Enquanto os teóricos e encomiastas do Estado moderno obedeceram à liderança do Deus de Jerusalém, que recusava vigorosamente outros pretendentes ao status divino, as páginas do Livro de Jó estiveram obviamente ausentes de seus evangelhos. A conciliação dos despreocupados atenienses com a pluralidade de deuses estrepitosamente descorteses e belicosos (o tipo de arranjo trazido à sua conclusão lógica pela prática romana de acrescentar novos bustos ao Panteão a cada nova conquista territorial) não funcionaria para os infelizes habitantes do mundo moderno, esse arranjo precário baseado na tríplice e profana aliança entre Estado, nação e território.

Neste mundo moderno pode haver muitas divindades, como em Atenas ou Roma, mas os lugares onde se reunir e confraternizar em paz, como o Areópago ou o Panteão, destinados a seu convívio afável, estão em falta. Seus encontros transformariam qualquer local num campo de batalha e numa linha de frente, já que, seguindo o padrão originado pelo Deus de Jerusalém, qualquer formação trina reivindicaria a soberania absoluta, inalienável e indivisível sobre seu próprio domínio. O mundo em que Schmitt nasceu não era o universo politeísta dos atenienses ou romanos, mas um mundo de *cuios regio eius religio* ("tal príncipe, sua religião"), de uma convivência difícil de deuses perversamente competitivos, intolerantes e autoproclamados "únicos". O mundo habitado por Estados à procura de nações e nações à procura de Estados podia ser (e provavelmente seria por mais alguns séculos) *politeísta*; mas cada parte dele defendia com unhas e dentes sua própria prerrogativa ao *monoteísmo* (fosse ele religioso, secular ou ambos – como no caso do nacionalismo moderno).

Esse princípio e essa intenção seriam registrados nos estatutos da Liga das Nações e reafirmados, com ênfase ainda maior, nas regras e nos regulamentos das Nações Unidas, dedicadas a garantir com todos os seus poderes (reais ou supostos) o direito sacrossanto de cada Estado-membro a sua soberania própria e incontestável sobre os destinos e as vidas de seus súditos domésticos. A Liga das Nações, e mais tarde as Nações Unidas, desejava afastar dos campos de batalha, até então sua base normal e comprovada de convivência e genocídio recíproco, os Estados-nação inclinados à soberania, em vez disso assentando-os a uma mesaredonda, mantendo-os lá e estimulando-os a conversar; pretendia atrair a Atenas as tribos em guerra com a promessa de tornar seus deuses tribais, ao estilo Jerusalém, ainda mais seguros – cada qual em sua tribo.

Carl Schmitt percebeu a futilidade dessa intenção. As acusações que podem (e deveriam) ser lançadas contra ele são de gostar daquilo que via, abraçá-lo com entusiasmo (ainda mais grave) e tentar seriamente fazer o possível para elevar o padrão que destilou das práticas da Europa do século XX à categoria de lei eterna de toda e qualquer política, esta última uma acusação

Procurando na Atenas moderna uma resposta...

verdadeiramente imperdoável; a denúncia de atribuir a esse padrão a distinção de ser o único atributo de um processo político que suprime e transcende o poder de isenção do soberano e estabelece um limite a seu poder de decisão que ele só pode ignorar sob risco mortal. A acusação de visão imperfeita lançada sobre Schmitt seria, contudo, destituída de fundamento; deveria, em vez disso, ser lançada à porta daqueles que percebiam as coisas de outra maneira, e cuja visão Schmitt pôs-se a corrigir.

Se você junta a afirmação de Schmitt de que soberano é "quem decide sobre a isenção" (e, o que é mais importante, decide *arbitrariamente* – sendo os "elementos de decisão e personalistas" mais cruciais no conceito de soberania)[14] e sua insistência em que a distinção definidora do aspecto "político" nas ações e nos motivos "é entre amigo e inimigo",[15] em oposição àquilo a que podem ser reduzidas, o que se segue é que a substância e marca registrada de todo e qualquer detentor de soberania, e de toda e qualquer agência soberana, são a da "associação e dissociação"; mais exatamente, a *associação por dissociação*, o emprego da "dissociação" na produção e manutenção da "associação" – apontando o inimigo a ser "dissociado" de modo a que os amigos possam continuar "associados". Em suma, apontar, separar, rotular e declarar guerra a um inimigo. Na visão de Schmitt de soberania, a associação é inconcebível sem dissociação, a ordem sem expulsão e extinção, a criação sem destruição. A estratégia da destruição em nome da construção da ordem é o traço definidor da soberania.

Apontar um inimigo é um ato "de decisão" e "personalista", já que "o inimigo político não precisa ser moralmente maléfico ou esteticamente feio" – com efeito, não precisa ser culpado de atos ou intenções hostis; basta que "seja o outro, o estranho, algo diferente e discrepante".[16] Mas então, dada a natureza *decisionista* da soberania, deve ficar claro que alguém se torna "o outro", "o estranho" e finalmente "um inimigo", não no *ponto de partida*, mas no *final* da ação política definida como aquela de apontar o inimigo e lutar contra ele.

A "objetividade" da inimizade (sob a condição de que o fato de "ser um inimigo" seja determinado pelos atributos e ações do próprio inimigo) iria contrariar a essência da soberania, que consiste no direito de fazer exceções; não seria diferente de uma aliança que impusesse obrigações tanto a Jeová quanto ao povo de Israel, arranjo inaceitável aos soberanos modernos, tal como o fora ao Deus invejoso e vingativo do Livro de Jó. Da mesma forma que foi Jeová, e apenas Ele, quem decidiu que Jó deveria ser torturado, é o soberano à frente do Estado, e apenas ele, que decide quem deve ser excluído da lei e destruído. Pelo menos, *also sprach Carl Schmitt*, depois de observar com atenção as práticas dos indivíduos mais resolutos e inescrupulosos na busca por soberania em sua época; talvez também depois de observar a "inclinação totalitária" endêmica, como insinuou Hannah Arendt, a todas as formas modernas do poder de Estado.

Um dos pacientes de *Cancer Ward* de Alexander Solzhenitsyn é um dignitário local do partido que começa todos os dias lendo atentamente o editorial do *Pravda*. Está à espera de uma cirurgia, e suas chances de sobrevivência estão ameaçadas – no entanto, a cada dia, desde o momento em que o novo número do *Pravda* e seu novo editorial são entregues ao guarda, ele não tem motivo para se preocupar; até que chegue o novo número, ele sabe exatamente o que fazer, o que dizer e como dizê-lo, e também sobre que assuntos manter silêncio. Nos temas mais importantes, nas escolhas que realmente contam, ele tem o conforto da certeza; não pode errar.

Os editoriais do *Pravda* eram famosos por mudar de tom de um dia para o outro. Nomes e tarefas que ontem apenas estavam nos lábios de todos podiam tornar-se impronunciáveis de repente. Atos e expressões ontem certos e adequados podiam se tornar errados e abomináveis no dia seguinte, enquanto ações ontem impensáveis podiam hoje virar obrigatórias. Mas, sob o governo *decisionista* e personalista de Stálin, não houve um só

Procurando na Atenas moderna uma resposta...

momento, ainda que breve, em que a diferença entre certo e errado, obrigatório e proibido, fosse algo obscuro. Desde que você ouvisse e seguisse o que ouviu, não poderia cometer erros, já que, como assinalou Ludwig Wittgenstein, "compreender" significa saber como prosseguir – você estava seguro, protegido da incompreensão fatal. E sua segurança era um presente do Partido, e de Stálin, o líder do Partido e, para você, o guia infalível (era em nome dele, evidentemente, que falavam os editoriais do *Pravda*). Ao lhe dizer diariamente o que fazer, Stálin tirava de seus ombros a responsabilidade, assumindo por você a inquietante tarefa da compreensão. Ele era, com efeito, *onisciente*. Não necessariamente no sentido de distinguir sem equívoco verdade e engano, mas de estabelecer a fronteira oficial entre ambos, o limite que você precisava observar.

No filme *The Oath*, de Mikheil Chiaureli, o personagem central – uma Mãe Russa, epítome de toda a nação russa, caracterizada pela galhardia nas batalhas e pelo trabalho duro, sempre amando Stálin e por ele amada – visita Stálin um dia e lhe pede para acabar com a guerra. O povo russo tinha sofrido tanto, disse ela, passado por tantos sacrifícios, tantas esposas tinham perdido seus maridos, tantos filhos perdido seus pais – deveria haver um fim para toda aquela dor. Stálin responde: "Sim, Mãe, chegou o momento de pôr fim à guerra." E assim faz ele.

Stálin não era apenas onisciente, também era *onipotente*. Quando quis terminar a guerra, terminou. Se não fizesse o que a nação queria dele ou mesmo lhe pedia, não seria por falta do poder ou do know-how necessário para impor sua decisão, mas porque devia haver algum motivo importante para adiar a ação ou simplesmente deixar de implementá-la (afinal, era ele quem estabelecia a fronteira oficial entre certo e errado). Você podia ter certeza de que, se fazer aquilo fosse uma boa ideia, teria feito. Você mesmo podia ser muito inepto para identificar, relacionar e calcular os prós e contras da matéria, mas Stálin o protegia das consequências terríveis do cálculo equivocado produzido por sua ignorância. Assim, não importava no final que o significado dos acontecimentos e sua lógica escapassem a você e a "outros como você". O que poderia ter parecido a você uma mistura de eventos, acidentes e acontecimentos aleatórios e descoordenados tinha uma lógica, um projeto, um plano, uma coerência. O fato de você não conseguir ver essa coerência com seus próprios olhos era mais uma prova (talvez a única de que você precisava) de como era fundamental para sua segurança a perspicácia de Stálin e de quanto você devia à sabedoria e à disposição dele de compartilhar seus frutos com você.

Entre si, as duas histórias avançam profundamente na revelação dos segredos do poder de Stálin sobre os corações e mentes de seus súditos. Mas não o suficiente.

A grande questão, que não foi respondida nem chegou a ser feita, é por que a necessidade dos súditos de restabelecer a confiança era tão poderosa que eles se sujeitavam a sacrificar suas mentes para essa finalidade, e seus corações se enchiam de gratidão quando seu sacrifício era aceito. Para que a certeza houvesse se transformado em necessidade, desejo e sonho supremos, foi preciso que antes se *sentisse sua falta*. Algo perdido, roubado ou apenas não adquirido.

Fiel à natureza da soberania de Schmitt, Stálin demonstrou repetidamente seu poder de promover expurgos e caças às bruxas, assim como de interrompê-los ou suspendê-los de modo tão abrupto e inexplicável quanto os iniciara. Não havia como dizer qual atividade seria a próxima a ser estigmatizada como bruxaria; já que os golpes eram desferidos aleatoriamente, e as provas materiais de qualquer conexão com a variedade de bruxaria que estivesse sendo caçada no momento fossem um luxo visto com desagrado, se não um passo perigoso para resgatar indiretamente de seu exílio a "objetividade", também não havia como dizer se existia algum laço inteligível entre o que os indivíduos faziam e o destino que sofriam. (Isso foi expresso pela sabedoria popular soviética na história da lebre que correu em busca de abrigo quando ouviu dizer que os camelos estavam sendo presos; primeiro eles prendem você, depois você tem de provar que não é camelo.)

Procurando na Atenas moderna uma resposta... 157

De fato, em nenhum outro lugar e em nenhuma outra época houve demonstração tão abundante e convincente da credibilidade da imagem calvinista de um Ser Supremo (sem dúvida a inspiração de Schmitt) que distribui graças e punições em função de suas próprias e inescrutáveis escolhas, a despeito da conduta de suas vítimas, sem que haja recursos ou apelos contra Seus veredictos.

Quando todos são o tempo todo vulneráveis por causa de sua ignorância quanto ao que a manhã seguinte pode trazer, a sobrevivência e a segurança, e não uma catástrofe súbita, é que parecem ser exceção, na verdade, um milagre a desafiar a compreensão de um ser humano comum e que exige presciência, sabedoria e poderes sobre-humanos para ser realizado. Numa escala dificilmente igualada em outros lugares, Stálin praticou o poder soberano de isenção do tratamento devido por direito aos súditos jurídicos, ou, na verdade, aos seres humanos por serem humanos. Mas também conseguiu inverter as aparências: como as isenções (a suspensão ou revogação dos direitos atribuídos aos *homini sacri* de Giorgio Agamben) se transformaram de exceção em regra, *escapar dos golpes aleatoriamente distribuídos é que parecia uma exceção*, um presente excepcional, uma demonstração da graça. Devia-se ser grato pelos favores recebidos. E se era.

A vulnerabilidade e a incerteza humanas constituem os alicerces de todo poder político. Os poderes reivindicam autoridade e obediência prometendo a seus súditos a proteção efetiva contra esses dois venenos da condição humana. Na variedade stalinista de poder totalitário, ou seja, na ausência da aleatoriedade da condição humana produzida pelo mercado, a vulnerabilidade e a incerteza deviam ser produzidas e reproduzidas pelo próprio poder político. Foi mais que mera coincidência o fato de que o terror randômico fosse deflagrado em escala de massas numa época em que os últimos resíduos da NPE – a "Nova Política Econômica", que convidou o mercado a voltar depois de ser banido durante os anos da "guerra ao comunismo" – eram destruídos.

Na maioria das sociedades modernas, a vulnerabilidade e a insegurança da existência e a necessidade de perseguir os propósitos existenciais em condições de incerteza aguda e irremediável foram asseguradas desde o início pela exposição das atividades da vida aos caprichos das forças do mercado. Além de proteger as liberdades do mercado e ocasionalmente ajudar a ressuscitar o vigor decrescente de suas forças, o poder político não tinha necessidade de interferir. Ao exigir de seus súditos disciplina e observância à lei, podia basear sua legitimidade na promessa de reduzir a extensão da vulnerabilidade já existente e a incerteza de seus cidadãos; limitar os danos e prejuízos perpetrados pelo livre jogo das forças do mercado, proteger o vulnerável de golpes mortais ou dolorosos e oferecer garantias pelo menos em relação a alguns riscos dos muitos que a livre competição acarreta. Tal legitimação encontrou sua maior expressão na autodefinição da forma moderna de governo como um "Estado de bem-estar social".

Essa fórmula de poder político hoje está ficando no passado. Instituições do "Estado de bem-estar social" são aos poucos desmanteladas e eliminadas, enquanto restrições antes impostas às atividades comerciais e ao livre jogo da competição de mercado e suas terríveis consequências são removidas uma a uma. As funções protetoras do Estado são reduzidas para abarcar uma pequena minoria composta de pessoas inválidas e incapazes de obter emprego, embora mesmo essa minoria tenda a ser reclassificada: se antes eram "questão de proteção social", agora são "questão de lei e ordem"; a incapacidade de participar do jogo do mercado tende a ser cada vez mais criminalizada. O Estado lava de suas mãos a vulnerabilidade e a incerteza que surgem da lógica (ou ilógica) do livre mercado, redefinindo-as como falhas e questões de âmbito privado, assunto que os indivíduos devem tratar e resolver com os recursos de que privadamente dispõem. Como diz Ulrich Beck, agora se espera dos indivíduos que busquem soluções biográficas para problemas sistêmicos.[17]

Essas novas tendências têm um efeito colateral: solapam os alicerces sobre os quais o poder de Estado, reivindicando um papel crucial na luta contra a vulnerabilidade e a incerteza que assaltavam seus súditos, se baseou cada vez mais nos tempos modernos. O crescimento, amplamente observado, da apatia política, a erosão dos interesses e lealdades políticos ("não há mais salvação pela sociedade", na frase famosa de Peter Drucker, ou "não existe sociedade; há apenas os indivíduos e suas famílias", como declarou Margaret Thatcher de forma também obtusa) e um recuo maciço da população no que se refere à participação na política institucionalizada são testemunhos da desintegração dos alicerces estabelecidos do poder de Estado.

Tendo cortado sua interferência programática anterior na insegurança produzida pelo mercado e, ao contrário, proclamado que a perpetuação e a intensificação dessa insegurança eram a missão de todo poder político preocupado com o bem-estar de seus súditos, o Estado contemporâneo deve procurar outras variedades (não econômicas) de vulnerabilidade e incerteza como bases de sua legitimidade. Essa alternativa parece ter sido há pouco localizada (talvez de modo mais espetacular, porém de forma alguma exclusivo, pelo governo dos Estados Unidos) na questão da proteção pessoal: ameaças aos corpos, propriedades e hábitats humanos resultantes de atividades criminosas, da conduta antissocial da "subclasse", recentemente do terrorismo e cada vez mais dos "imigrantes ilegítimos".

Ao contrário da insegurança nascida do mercado, óbvia e visível demais para que se possam consolar suas vítimas, essa insegurança alternativa com que o Estado espera restaurar o monopólio perdido da redenção deve ser reforçada, ou pelo menos superdramatizada, para inspirar um volume suficiente de "medo oficial"; ao mesmo tempo se obscurece e relega a segundo plano a insegurança economicamente gerada sobre a qual o Estado nada pode – e nada quer – fazer.

À diferença das ameaças geradas pelo mercado à posição social, ao amor-próprio e à subsistência, a extensão dos perigos à segurança pessoal deve ser apresentada nos tons mais sombrios; de tal modo que (de maneira muito semelhante ao que ocorria

160 Danos colaterais

no regime político stalinista) a *não materialização das ameaças* pode ser aplaudida como evento extraordinário, resultado da vigilância, do cuidado e da boa vontade dos órgãos de Estado. *Não admira que o poder de isenção, os estados de emergência e a designação de inimigos estejam vivendo um apogeu.* É discutível se o poder de isentar é uma essência eterna de toda soberania e se a seleção e a exposição de inimigos são a substância extratemporal da "política"; não há dúvida, porém, de que hoje os músculos do poder se flexionam na realização dessas duas atividades como nunca o fizeram antes.

Essas são as atividades de que mais têm se ocupado, nos últimos anos, a Agência Central de Inteligência (CIA) e o Escritório Federal de Investigações (FBI): advertir os americanos de iminentes atentados à sua segurança, colocando-os em estado de alerta permanente; portanto, aumentando a tensão – de modo que haja tensão a ser aliviada quando os atentados não ocorrerem e que todo o crédito por esse alívio possa ser atribuído, por consenso popular, às agências da lei e da ordem a que a administração do Estado tem progressivamente se reduzido.

Em 10 de junho de 2002, agentes americanos do mais alto escalão (Robert Mueller, diretor do FBI, o subprocurador-geral Larry Thompson, o subsecretário de Defesa Paul Wolfowitz, entre outros) anunciaram a prisão de um suposto terrorista da al-Qaeda quando este retornava a Chicago de uma viagem de treinamento ao Paquistão.[18] Como dizia a versão oficial, um cidadão americano, nascido e criado nos Estados Unidos, José Padilla (o nome indica raízes hispânicas, ou seja, um dos últimos acréscimos, relativamente mal-estabelecidos, à longa lista de afiliações étnicas dos imigrantes), converteu-se ao islã, assumiu o nome de Abdullah al-Muhajir e logo procurou seus novos confrades para receber instruções sobre como atingir a antiga terra natal. Foi instruído na arte muito pouco artística de produzir "bombas sujas" – "assustadoramente simples de montar", com poucos quilos de explosivos convencionais, todos disponíveis, e "quase qualquer tipo de material radiativo" sobre o qual potenciais terroristas pudessem "pôr as mãos" (não ficou claro por que era preciso um treinamento sofisticado para produzir armas "assustadoramente simples de montar", mas, quando se trata do emprego dos medos difusos para fertilizar as vinhas da ira, a lógica é irrelevante). "Uma nova expressão entrou no vocabulário de muitos americanos médios depois do 11 de Setembro: bomba suja", anunciaram Nichols, Hall e Eisler, repórteres do *USA Today*.

Como ficou claro nos anos seguintes, esse foi apenas o humilde começo de uma tendência poderosa e irresistível. No último dia de 2007, o *New York Times* publicou um editorial insistindo em que os Estados Unidos dificilmente poderiam continuar descritos como uma "sociedade democrática". O editorial enumerava uma lista de abusos sancionados pelo Estado, incluindo: tortura praticada pela CIA e subsequentes e repetidas violações das Convenções de Genebra; uma rede de ilegalidade legalizada que permitia ao governo Bush espionar americanos; e a disposição de agentes do governo de violar direitos civis e constitucionais sem pedir desculpas – tudo isso sob a égide da condução de uma guerra ao terrorismo.

O conselho editorial do *New York Times* argumentava que desde 11 de setembro de 2001 o governo dos Estados Unidos havia adotado o "comportamento de um Estado sem lei". O jornal não foi o único a verbalizar essas preocupações. Sidney Blumenthal, escritor preeminente e ex-assessor sênior do presidente Clinton, afirmou que os americanos agora viviam sob um governo equivalente a "um Estado de segurança nacional com tortura, presos fantasmas, prisões secretas, encenações e escutas clandestinas".[19] Bob Herbert, articulista do *New York Times*, afirmou que as sombrias paisagens da exclusão, do sigilo, da vigilância ilegal e da tortura produzidas sob o regime Bush ofereciam aos americanos nada menos que um "mapa rodoviário para o totalitarismo".[20]

Mas, como Henry A. Giroux recentemente assinalou:

É um erro insinuar que o governo Bush é o único responsável por transformar os Estados Unidos a ponto de estes terem se tornado irreconhecíveis para si mesmos como nação democrática. Tais afirmações arriscam-se a reduzir os sérios males sociais que agora afligem os Estados Unidos às políticas reacionárias do regime Bush – posição que permite que se estabeleça a complacência quando o reinado de Bush terminar, em 20 de janeiro de 2009. A complacência causada pela percepção de uma iminente mudança de regime não oferece uma resposta verdadeiramente política à crise atual porque ignora o grau em que as políticas de Bush reproduzem a política social e econômica da era Clinton. Na verdade, o que os Estados Unidos se tornaram na última década sugere menos uma ruptura que a intensificação de uma série de forças políticas, econômicas e sociais subjacentes que ingressaram numa nova era, na qual as tendências repressivas antidemocráticas que espreitavam sob a herança deteriorada de ideais democráticos agora emergiram rápida e vigorosamente como a nova face de um autoritarismo profundamente perturbador. O que caracteriza a condição atual da "democracia" americana é a natureza singularmente bipolar do ataque crônico ao corpo político, o qual combina elementos de uma cupidez sem precedentes e de um capitalismo fanático, que alguns chamam de Nova Idade de Ouro, com um novo tipo de política, mais violento e selvagem em sua disposição de abandonar – e até mesmo envilecer – os indivíduos e grupos tornados agora dispensáveis dentro das "novas geografias da exclusão e das novas paisagens de abastança" que caracterizam a nova ordem mundial.[21]

Tudo isso tem acontecido nos Estados Unidos; mas, pelo mundo afora, observam-se esforços semelhantes para aumentar o volume de medo e fornecer os alvos sobre os quais se possa descarregar a ansiedade resultante. Donald G. McNeil Jr. resumiu as guinadas mais recentes no espectro político europeu: "Políticos estimulam o medo do crime."[22]

Com efeito, em todo o mundo administrado por governos democraticamente eleitos, "Vou ser duro no combate ao crime" transformou-se num trunfo que bate todos os outros; mas a jogada vencedora consiste quase invariavelmente numa combinação da promessa de "mais prisões, mais policiais, sentenças mais longas" com a de "não à imigração, não ao direito de asilo, não à naturalização". Como disse McNeil: "Políticos de toda a Europa usam o estereótipo de que 'os forasteiros são a causa da criminalidade' para vincular o ódio étnico, que está fora de moda, ao medo em relação à própria segurança, mais palatável." Obviamente, políticos de toda a Europa não precisam ficar atrás dos roteiristas e formadores de opinião americanos.

Tentando em vão escapar da Europa dominada pelos nazistas, Walter Benjamin observou que a exceção jurídica e a norma legal haviam mudado de lugar, que o estado de exceção se transformara em regra.[23] Pouco mais de meio século atrás, em seu estudo dos antecedentes históricos do estado de emergência, Giorgio Agamben chegou à conclusão de que o estado de exceção (quer fosse chamado pelo nome de "estado de emergência", "estado de sítio" ou "lei marcial") "tende cada vez mais a parecer o paradigma predominante do governo na política contemporânea". Uma profusão crescente de leis, decretos e regulamentos tende a "eliminar de modo radical a condição jurídica do indivíduo, qualquer que seja ela, produzindo assim um ser legalmente inominável e inclassificável".[24]

Podemos esperar que a forma de Stálin empregar o "medo oficial" a serviço do poder de Estado seja coisa do passado. Mas isso não pode ser dito do tema em si. Cinquenta anos após a morte de Stálin, ele aparece todos os dias na agenda dos poderes modernos, buscando desesperadamente novas e aperfeiçoadas formas de utilizá-lo para fechar a brecha deixada pela renúncia, imposta, mas também procurada com avidez, de sua fórmula original para a autolegitimação. O segredo da soberania exposto por Carl Schmitt pode ser extemporâneo, mas o recurso cada vez mais frequente às prerrogativas de isenção tem causas históricas limitadas pelo tempo. E, ao que se espera, uma duração historicamente limitada.

$\cdot$ **9** $\cdot$

Uma história natural do mal

É muito improvável que, no século XXI, um leitor do romance de Anatole France *Les Dieux ont soif*, originalmente publicado em 1912,[1] não fique ao mesmo tempo desconcertado e extasiado. Sem dúvida será tomado, como eu fui, de admiração por um autor que não apenas conseguiu, como diria Milan Kundera, "rasgar a cortina das pré-interpretações", a "cortina pendurada na frente do mundo", para libertar "os grandes conflitos humanos da interpretação ingênua de que são uma luta entre o bem e o mal, percebendo-os à luz da tragédia"[2] – que na opinião de Kundera é o apelo dos autores de romances e a vocação para escrevê-los, de qualquer forma que seja. Mas ele também planejou e testou, em benefício de seus leitores do futuro, que ainda não haviam nascido, as ferramentas destinadas a cortar e rasgar as cortinas ainda não tecidas, que com certeza começariam a ser montadas e penduradas com avidez "na frente do mundo" bem depois de o autor terminar seu romance, em particular, bem depois de sua morte.

No momento em que Anatole France pôs a caneta de lado e deu uma última olhada no romance que acabara de concluir, não havia nos dicionários, franceses ou não, palavras como "bolchevismo", "fascismo" ou mesmo "totalitarismo"; nem nomes como

Stálin ou Hitler nos livros de história. A atenção de Anatole France tinha como foco Evariste Gamelin, jovem iniciante no mundo das belas-artes, promissor e de enorme talento; Gamelin devotava grande desprezo por Watteau, Boucher, Fragonard e outros ditadores populares, cujos "mau gosto, maus esboços, maus desenhos", "ausência total de estilo e linha definidos", "total desconhecimento da natureza e da verdade", além da predileção por "máscaras, bonecas, balangandãs e disparates infantis", ele explicava pela propensão destes a "trabalhar para tiranos e escravos". Gamelin tinha certeza de que, "daqui a cem anos, as pinturas de Watteau terão apodrecido nos sótãos"; e previu que "em 1893 os estudantes de arte vão cobrir as telas de Boucher com seus próprios esboços".

A República francesa, uma filha ainda delicada, débil e frágil da Revolução, iria crescer para cortar, uma após outra, as muitas cabeças da hidra da tirania e da escravidão, incluindo a falta, nos artistas, de um estilo claro, sua cegueira diante da natureza. Não há misericórdia pelos que conspiram contra a República, tal como não há liberdade para os inimigos da própria liberdade, nem tolerância com os inimigos da tolerância. Às dúvidas manifestadas por sua incrédula mãe, Gamelin responderia sem hesitação: "Devemos depositar nossa confiança em Robespierre; ele é incorruptível. Acima de tudo, devemos confiar em Marat. Ele é o único que ama o povo de verdade, que percebe seus verdadeiros interesses e o ajuda a concretizá-los. Sempre foi o primeiro a desmascarar traidores e a frustrar complôs."

Em uma de suas poucas e ocasionais intervenções autorais, France explica e expõe os pensamentos e ações de seu herói como o "sereno fanatismo" de "homenzinhos que haviam derrubado o próprio trono e virado de cabeça para baixo a antiga ordem das coisas". Em sua própria trajetória, da juventude como fascista romeno à maturidade como filósofo francês, Emil Cioran resumiu a sina dos jovens na era de Robespierre e Marat, e também na de Stálin e Hitler: "A falta de sorte é seu destino. São eles que expressam a doutrina da intolerância e são eles que a põem em prática. São eles que estão sedentos – de sangue, tumulto, barbárie."[3] Ora, todos os jovens? E só eles? E só na era de Robespierre ou de Stálin?

Para Kant, o respeito e a boa vontade para com os outros constituíam um imperativo da razão; o que significa que, se um ser humano, criatura dotada por Deus ou pela natureza de razão, avaliar o raciocínio de Kant, ela ou ele certamente vai reconhecer e aceitar o caráter categórico desse imperativo e adotá-lo como preceito de sua conduta. Em sua essência, o imperativo categórico em questão traduz-se no mandamento de tratar os outros como você gostaria que eles o tratassem; em outras palavras, em outra versão do mandamento bíblico de amar ao próximo como a si mesmo – mas, no caso kantiano, com base numa elaborada e refinada série de argumentos lógicos, e assim invocando a autoridade da *razão humana* como algo capaz de avaliar o que deve e precisa ser, não a *vontade de Deus*, que decide como deve ser.

Nessa tradução da linguagem sagrada para a secular, porém, perde-se alguma coisa dos poderes persuasivos dos mandamentos. A vontade de Deus, despudoradamente "decisionista", pode outorgar poderes apodíticos, inquestionáveis, sob o pressuposto de uma simetria essencial, preordenada e inescapável das relações humanas, pressuposto indispensável tanto para a versão sagrada quanto para a secular, enquanto a razão teria muitos problemas para *demonstrar* sua veracidade. A afirmação da simetria das relações inter-humanas pertence, afinal, ao universo das crenças, do que é estipulado ou tido como certo (e assim pode ser aceito com base no "seria melhor se…" ou no "devemos obediência à vontade de Deus"); mas não tem lugar no universo do conhecimento empiricamente testável – o domínio, ou melhor, o hábitat natural, da razão. Quer os defensores dos poderes legislativos da razão se refiram à infalibilidade desta em sua busca da verdade (de "como as coisas realmente são e não poderiam deixar de ser") ou a seus méritos utilitários (ou seja, sua capacidade de distinguir as intenções realistas, viáveis e plausíveis dos meros devaneios), eles vão achar difícil fazer uma defesa convincente da realidade da simetria, e mais ainda provar a utilidade de praticá-la.

O problema, para dizer o mínimo, é a insuficiência das evidências experimentais em favor do pressuposto em debate, enquanto a razão sustenta seu direito à última palavra onde haja desacordo sobre sua resolução de basear suas avaliações nesse tipo de evidência, ao mesmo tempo que rejeita a validade de todas as outras fundamentações. Outro problema, embora estritamente relacionado, é a profusão de evidências em contrário; ou seja, de que, ao promover a eficácia das realizações e da destreza humanas em alcançar seus objetivos, a razão se concentra em libertar seus portadores das restrições impostas a suas escolhas em função da simetria, da mutualidade e da reversibilidade das ações e obrigações; em outras palavras, em criar situações nas quais os portadores da razão possam com calma cortar da lista de fatores relevantes para suas escolhas o temor de que o curso da ação que assumem possa recair sobre eles – ou, de modo mais cru e ainda mais específico, que mal pode recair sobre os malfeitores.

Contrariamente à razão de Kant, a razão comum parece gastar a maior parte de seu tempo e energia buscando desarmar e desqualificar as demandas e pressões do imperativo supostamente categórico. Segundo os preceitos da razão, os princípios de ação mais razoáveis, mais dignos de atenção e também mais louváveis são os que evitam ou abolem a simetria entre os atores e os objetos de suas ações; ou pelo menos os estratagemas que, uma vez empregados, reduzem ao mínimo as chances de retribuição. O que quer que "represente a razão", com muita frequência ela se recusa a "representar as demandas da moral". De qualquer forma, nada perde de sua razoabilidade ao fracassar no teste moral.

A razão é um posto de serviço do poder. Em primeiro lugar e acima de tudo, é uma fábrica de poder (*Macht, pouvoir*), definido como a capacidade de o sujeito atingir seus objetivos apesar da resistência – seja da matéria inerte ou de sujeitos em busca de outros objetivos. "Ser poderoso" significa, em outras palavras, a capacidade de superar a inércia de um objeto de ação recalcitrante ou ignorar as ambições de outras *dramatis personae* (quer dizer, usufruir da única subjetividade e da única intencionalidade eficaz nesse drama com múltiplos atores, e assim reduzir os outros sujeitos à condição de objetos da ação ou cenário imparcial). Pela própria natureza, poder e força são assimétricos (fica-se tentado a dizer: assim como a natureza não tolera o vazio, o poder não tolera a simetria). O poder não unifica nem tampouco aumenta (ou diminui) as diferenças; o poder divide e opõe. Ele é inimigo jurado e opressor de simetria, reciprocidade e mutualidade. A força do poder consiste em sua capacidade de manipular probabilidades e diferençar possibilidades, assim como chances e potencialidades; tudo isso fecha hermeticamente as divisões resultantes e imuniza as desigualdades de distribuição contra os apelos daqueles que se encontram na ponta receptora da operação.

Em resumo, o poder e a força para agir, cuja produção e manutenção constituem o apelo da razão, são iguais na rejeição explícita ou na ignorância, na prática, do pressuposto que torna categórico o imperativo de Kant. Como Friedrich Nietzsche expressou de forma vívida e pungente:

> O que é bom? Tudo aquilo que reforça o sentimento de poder. ...
> O que é ruim? Tudo aquilo que provém da fraqueza. ... O fraco e
> o canhestro irão perecer: é o primeiro princípio de nossa humanidade. E devem até ser ajudados a perecer. O que é mais prejudicial
> do que qualquer vício? A solidariedade prática para com todos os
> canhestros e os fracos...[4]

"Tenho alegria na destruição", admitiu Nietzsche com orgulho. "Sou por isso o *destroyer par excellence*."[5] Várias gerações de outros "*destroyers par excellence*", equipados com armas adequadas para transformar as palavras em carne (e, mais especificamente, fazer as palavras *matarem* a carne), que deram duro para tornar realidade a visão de Nietzsche, puderam inspirar-se nisso – e muitos deles o fizeram. Encontrariam absolvição absoluta para sua intenção na exortação de Nietzsche a ajudar no perecimento dos fracos e canhestros. Como diz Zaratustra, porta-voz autorizado e plenipotenciário de Nietzsche: "Meu maior perigo sempre reside no perdão e na tolerância; e toda a humanidade quer ser perdoada e tolerada."[6] Os veredictos da natureza só podem ser consertados por conta e risco dos remendões. Para evitar a ruína, os seres humanos devem ser libertados: os fortes e poderosos, da piedade, da compaixão, da consciência (injustamente) culpada e dos (desnecessários) *escrúpulos*; os comuns e humildes, da *esperança*.

Os esforços para romper o mistério que (talvez mais que qualquer outro) mantém os filósofos da ética acordados à noite, o mistério do *unde malum* ("de onde vem o mal?"), e, mais específica e urgentemente, de "como pessoas boas se tornam más"[7] (ou o segredo da misteriosa transmutação de pessoas cuidadosas com a família, amistosas e generosas em monstros), foram desencadeados e receberam um primeiro impulso poderoso com a maré montante do totalitarismo do século XX, colocados em fervilhante movimento pelas revelações do Holocausto e ainda mais acelerados pela crescente evidência de uma semelhança cada vez mais notável entre o mundo pós-Holocausto e um campo minado, no qual uma explosão deve ocorrer mais cedo ou mais tarde, embora ninguém saiba onde nem quando.

Desde o início, os esforços para romper o mencionado mistério seguiram três caminhos diferentes; com toda probabilidade, continuarão a segui-los por longo tempo, já que nenhuma das três trajetórias parece ter uma estação final onde os exploradores possam repousar satisfeitos por ter alcançado o destino desejado. O propósito de sua exploração, afinal, é encaixar na rede da razão os tipos de fenômenos descritos por Günther Anders como "supraliminares"(*überschwellige*): fenômenos que não podem ser apreendidos e intelectualmente assimilados porque superam qualquer rede sensorial ou conceitual, compartilhando a sina de seu evidente oposto, os fenômenos "subliminares" (*unterschwellige*) – minúsculos e velozes o bastante para escapar à mais densa das redes e desaparecer antes que se possa capturá-los e enviá-los à razão, para uma reciclagem inteligente.

O primeiro caminho (mais recentemente assumido, ao que parece, por Jonathan Littell em seu livro *The Kindly Ones*,[8] com algumas restrições menos importantes) leva a uma investigação e compreensão das peculiaridades *físicas* (ou sedimentos físicos de peculiaridades biográficas) descobertas ou supostas em *indivíduos* conhecidos por terem cometido atos cruéis ou que tenham sido apanhados em flagrante, dos quais se presume, portanto, que tenham superado os indivíduos médios em sua inclinação e avidez por cometer atrocidades quando tentados ou comandados nesse sentido.

Esse caminho foi aberto antes mesmo de os monstruosos atos humanos da era pós-Holocausto terem revelado todo o horror da escala potencial do problema. Foi aberto pelo estudo de Theodor Adorno, altamente influente e memorável, acerca da "personalidade autoritária", promovendo a ideia, por assim dizer, da autosseleção dos malfeitores – e sugerindo que essa autosseleção é determinada por predisposições naturais, e não artificialmente criadas, do caráter individual.

Outro caminho (talvez o mais amplo e mais percorrido) foi construído segundo a linha do *condicionamento* comportamental e levou a uma investigação dos tipos de posicionamentos ou situações sociais que poderiam estimular indivíduos – "normais" em circunstâncias "habituais" ou mais comuns – a se unir na perpetração de ações malévolas; ou, expressando-o de outra maneira, condições capazes de despertar predisposições malévolas que, sob diferentes circunstâncias, poderiam ficar adormecidas.

Para os intelectuais que seguiram esse caminho, era certo tipo de sociedade, e não determinadas características individuais, que devia estar no banco dos réus. Siegfried Kracauer, por exemplo, como Hans Speier, procurou na irresistível multiplicação de categorias dos *Angestellte* (funcionários de escritório) a fonte da atmosfera de degradação moral que favoreceu o recrutamento para o exército do mal. Essa atmosfera malcheirosa, moralmente venenosa, foi logo depois atribuída por Hannah Arendt às predisposições "protototalitárias" dos burgueses, ou ao caráter filistino e vulgar das classes forçadamente transformadas em massas (seguindo o princípio do "Primeiro vem o estômago, depois a moralidade", como Bertold Brecht definiu de modo suscinto).[9] Hannah Arendt, talvez a porta-voz mais importante desse tipo de pensamento, opondo-se de modo radical e inflexível à redução de fenômenos sociais à psique individual, observou que o verdadeiro gênio entre os sedutores nazistas foi Himmler; não sendo descendente de boêmios como Goebbels, nem pervertido sexual como Julius Streicher, nem aventureiro como Goering, nem fanático como Hitler ou louco como Alfred Rosenberg, ele "organizou as massas num sistema de dominação total", graças à sua pressuposição (correta!) de que, em sua decisiva maioria, os homens não são vampiros nem sádicos, mas apegados a seus empregos e provedores de suas famílias.[10] Sabemos onde essa observação acabou por levá-la no livro *Eichmann em Jerusalém*.

Das conclusões de Arendt, a mais citada foi seu sucinto veredicto sobre a banalidade do mal. O que ela queria dizer ao pronunciar esse veredicto é que monstruosidades não precisam de monstros, atrocidades não precisam de personagens atrozes, e o problema de Eichmann estava no fato de que, segundo as avaliações dos luminares supremos da psicologia e da psiquiatria, ele (juntamente com tantos de seus companheiros de crime) não era um monstro nem um sádico, mas escandalosa, terrível, assustadoramente "normal".

Littell, ao menos em parte, seguiria a conclusão de Arendt em sua insistência em que Eichmann era apenas "um robô sem face e sem alma". Entre os mais recentes estudos dessa linha, *The Lucifer Effect*, de Philip Zimbardo, publicado em 2007, é um aterrador e angustiante estudo de uma série de rapazes e moças americanos, bons, comuns, simpáticos e populares, mas que se transformaram em monstros; eles foram transportados a uma espécie de "lugar nenhum", ao longínquo Iraque, e encarregados de cuidar de prisioneiros acusados de má intenção e suspeitos de pertencer a um ramo inferior da humanidade, ou talvez de serem menos que humanos. Como o mundo seria confortável, aconchegante e amigável se fossem os monstros, e apenas os monstros, os responsáveis pelos atos monstruosos. Contra os monstros estamos razoavelmente protegidos, podemos estar garantidos contra os feitos malévolos que são capazes de cometer e que ameaçam perpetrar. Temos psicólogos para identificar psicopatas e sociopatas; sociólogos para nos dizer onde é provável que eles se propaguem e se congreguem; juízes para condená-los à prisão e ao isolamento; e policiais e psiquiatras para assegurar que eles lá permaneçam.

Por infortúnio, os bons moços e moças americanos, comuns, simpáticos, não eram monstros nem pervertidos. Não tivessem sido encarregados de dominar os internos de Abu Ghraib, *jamais* teríamos conhecido (conjecturado, adivinhado, imaginado, fantasiado) as coisas terríveis que foram capazes de realizar. A nenhum de nós ocorreria que a garota sorridente do balcão, uma vez em missão no ultramar, pudesse distinguir-se por projetar truques cada vez mais inteligentes, extravagantes, maldosos e perversos para atormentar, molestar, torturar e humilhar as pessoas sob sua guarda. Nas cidades natais dela e de seus companheiros, os vizinhos até hoje se recusam a acreditar que esses moços e moças encantadores que conhecem desde a infância sejam os monstros que aparecem nas fotos das câmaras de tortura de Abu Ghraib. Mas são.

Na conclusão de seu estudo psicológico sobre Chip Frederick, suspeito de liderar e guiar o bando de torturadores, Philip Zimbardo teve de dizer que nada havia que pudesse descobrir em seus registros capaz de prever que o rapaz se entregaria a alguma forma de comportamento sádico e abusivo. Pelo contrário, havia muito nas anotações a seu respeito sugerindo que ele não fora forçado a trabalhar e viver numa situação anormal como aquela, que poderia ter sido o soldado americano exemplar, dos cartazes de recrutamento militar.

Com efeito, Chip Frederick passaria com destaque em qualquer teste psicológico imaginável, assim como no profundo exame do registro de comportamento em geral aplicado quando se selecionam candidatos para os serviços de mais responsabilidade e moralmente mais sensíveis, como o dos guardiões oficiais e uniformizados da lei e da ordem. No Caso de Chip Frederick e de sua colega mais próxima e conhecida, Lynddie England, você poderia insistir (mesmo que contra os fatos) que eles agiram sob ordens e foram forçados a participar de atrocidades que detestavam e abominavam – suaves ovelhas, e não lobos predadores. Nesse caso, a única acusação contra eles que você aprovaria seria a de covardia ou respeito exagerado pelos superiores; no máximo, a de terem abandonado com demasiada facilidade, sem nem sequer um murmúrio de protesto, os princípios morais que os orientavam em sua vida "comum" na cidade natal. Mas que dizer dos que estavam no topo da pirâmide burocrática? Os que deram as ordens, cobraram obediência e puniram os indisciplinados? Essas pessoas com certeza deviam ser monstros?

O inquérito sobre o ultraje em Abu Ghraib jamais atingiu os altos escalões do comando militar americano; para que as pessoas situadas no topo da hierarquia, aquelas que dão as ordens, fossem responsabilizadas e julgadas por crimes de guerra, teriam primeiro de estar do lado dos perdedores – o que não foi o caso. Mas Adolf Eichmann, que controlava as ferramentas e os procedimentos da "solução final" para o "problema judaico" e dava ordens a seus operadores, e ficara do lado dos perdedores, foi capturado pelos vitoriosos e levado a tribunal. Houve então a oportunidade de submeter a "hipótese do monstro" a um exame cuidadoso e detalhado, feito pelos mais distintos profissionais da psicologia e da psiquiatria. A conclusão final dessa pesquisa tão profunda e fidedigna foi tudo, menos ambígua. Aqui está ela, tal como transmitida por Hannah Arendt:

Meia dúzia de psiquiatras o classificou como "normal". "Mais normal, de qualquer modo, do que fiquei depois de examiná-lo", teria exclamado um deles, enquanto outro descobrira que seu perfil psicológico geral, sua atitude em relação à mulher, aos filhos, ao pai e à mãe, irmãos, irmãs e amigos era "não somente normal, porém a mais desejável". ... O problema de Eichmann era precisamente o fato de muitos serem como ele, e de esses muitos não serem pervertidos nem sádicos, mas gente que era, e ainda é, terrível e assustadoramente normal. Do ponto de vista de nossas instituições jurídicas e nossos padrões morais de avaliação, essa normalidade era muito mais aterrorizante que todas as atrocidades em conjunto.[11]

Deve ter sido a mais assustadora das descobertas: se não são bichos-papões, mas pessoas normais (fico tentado a acrescentar: "caras como você e eu"), que cometem atrocidades e são capazes de agir como sádicos e pervertidos, então todos os filtros que inventamos e pusemos para funcionar com a finalidade de separar os portadores de desumanidade do restante da espécie humana são mal-operados ou malconcebidos desde o início – e com toda certeza ineficazes. E assim estamos, resumindo uma longa história, *des*protegidos (fica-se tentado a dizer: "sem defesas contra nossa capacidade mórbida comum"). Empregando ao máximo sua engenhosidade e tentando "civilizar" ao máximo os modos e padrões de convivência dos seres humanos, nossos ancestrais (e também aqueles de nós que têm seguido sua linha de pensamento e ação) estão, por assim dizer, desperdiçando suas energias.

Lendo atentamente *The Kindly Ones*, pode-se descobrir uma crítica velada à interpretação comum, endossada pela própria Arendt, da tese da "banalidade do mal": a suposição de que o maléfico Eichmann era um "homem que não pensava". Do retrato pintado por Littell, Eichmann emerge como tudo, menos um seguidor de ordens irracional ou um escravo de suas próprias e desprezíveis paixões. "Decerto ele não era o *inimigo da humanidade* descrito em Nuremberg", "nem tampouco uma encarnação do *mal banal*", mas, pelo contrário, "um burocrata muito talentoso, extremamente competente em suas funções, com certa desenvoltura e um considerável senso de iniciativa pessoal".[12] Como administrador, Eichmann decerto seria o orgulho de qualquer firma europeia de prestígio (poderíamos acrescentar: incluindo empresas com donos ou altos executivos judeus).

O narrador de Littell, o dr. Aue, insiste em que, nos muitos encontros que teve com Eichmann, jamais observou qualquer traço de preconceito pessoal, muito menos de ódio virulento contra os judeus, aos quais via como nada mais (embora também nada menos) do que objetos que, segundo a repartição a que servia, deveriam ser processados. Em casa ou no trabalho, Eichmann era coerentemente a mesma pessoa, o tipo de pessoa que ele era, por exemplo, quando executava dois quartetos de Brahms com seus colegas de SS: "Eichmann tocava com calma, de maneira metódica, os olhos presos à partitura; não cometia erros."[13]

Se Eichmann era "normal", então ninguém está a priori isento de suspeita – nenhum de nossos amigos e conhecidos encantadoramente normais; nem nós mesmos. Os Chip Frederick e os Adolf Eichmann andam por nossas ruas plenamente visíveis, fazem fila conosco nas caixas das mesmas lojas, enchem cinemas e estádios de futebol, viajam de trem ou de ônibus urbanos ou ficam presos junto conosco nos engarrafamentos. Podem morar ao nosso lado, ou mesmo sentar-se à nossa mesa para o jantar. Todos eles poderiam fazer, dadas as circunstâncias, o mesmo que Chip Frederick e Adolf Eichmann fizeram.

E eu?! Já que tantas pessoas têm potencialmente a capacidade de cometer atos de desumanidade, também eu poderia, por acaso, por mero capricho do destino, tornar-me uma de suas vítimas. *Eles* podem fazê-lo – disso eu já sei. Mas será que, com a mesma facilidade, eu próprio não poderia me tornar um "deles" – apenas outro "homem comum" capaz de fazer aos outros o que fizeram consigo?

John M. Steiner usou a metáfora do "adormecido",[14] extraída da terminologia das redes de espionagem, para denotar uma inclinação pessoal, até então não revelada, para cometer atos de violência, ou a vulnerabilidade de uma pessoa à tentação de participar de tais atos – um potencial de ódio que pode estar presente, em hipótese, em determinados indivíduos, embora mantendo-se por muito tempo invisível; uma inclinação que pode (tende a) vir à superfície, ou uma vulnerabilidade que só pode se revelar em algumas condições muito propícias, em tese, quando as forças que até então a reprimiram e mantiveram submersa são de repente enfraquecidas ou suspensas.

Ervin Staub deu um (gigantesco) passo adiante, tirando as duas referências à "particularidade" na proposta de Steiner e sugerindo a presença hipotética de "adormecidos" maléficos na maioria dos seres humanos, talvez em todos: "O mal ... cometido por pessoas comuns é a norma, não a exceção." Será que ele está certo? Não sabemos e nunca saberemos, pelo menos com certeza, pois não há como provar nem refutar essa ideia empiricamente. Possibilidades são como galinhas: só podem ser contadas de modo confiável e definitivo depois que saem do ovo.

O que sabemos com certeza? A facilidade "com que o comportamento sádico podia vir à tona em indivíduos que não eram 'tipos sádicos'" foi descoberta por Zimbardo em seus experimentos iniciais, realizados na Universidade Stanford, com alunos escolhidos de forma aleatória para desempenhar o papel de "agentes carcerários" de outros alunos, também selecionados ao acaso, colocados no papel de prisioneiros.[15]

Stanley Milgram, em seus experimentos realizados em Yale com pessoas escolhidas de forma aleatória, às quais se pedia que infligissem a outras uma série de supostos choques elétricos de magnitude crescente, descobriu que a "obediência à autoridade", qualquer que seja ela, independentemente da natureza das ordens que dê, é uma "tendência comportamental muito arraigada", ainda que os sujeitos considerem as ações resultantes das ordens que receberam repulsivas e revoltantes.[16] Se acrescentarmos a esse fator sedimentos quase universais da socialização, como os atributos da lealdade, do sentimento de dever e da disciplina, "é fácil levar os homens a matar". É fácil, em outras palavras, instigar, pressionar, seduzir e induzir pessoas que não são más a cometer atos malévolos.

Christopher R. Browning investigou os passos tortuosos, mas sempre manchados de sangue, dos homens pertencentes ao 101º Batalhão de Reserva da Polícia Alemã, escolhidos entre recrutas inaptos para tarefas na frente de batalha e afinal designados para participar do assassinato em massa de judeus na Polônia.[17] Esses recrutas, que, ao que se soubesse, até então nunca haviam cometido um ato de violência, muito menos ações homicidas, não havendo motivos para se suspeitar de que fossem capazes de cometê-los, estavam prontos (não 100% deles, mas uma considerável maioria) a obedecer à ordem de matar; de atirar à queimaroupa em homens, mulheres, velhos e crianças desarmados e obviamente inocentes, já que não haviam sido acusados de crime algum, nem nutriam a menor intenção de feri-los ou a seus companheiros de armas. O que Browning descobriu, contudo (e publicou sob o título revelador de *Ordinary Men*), é que somente 10% a 20% dos recrutas policiais se mostraram "refratários e desertores", pedindo para serem eximidos da obediência às ordens; que também havia "um núcleo de matadores cada vez mais entusiásticos, que se apresentavam como voluntários para os esquadrões de tiro e 'caçadas aos judeus'"; mas que os membros do grupo mais amplo, bem maior que os dois outros, desempenhavam placidamente o papel de assassinos e *faxineiros* do gueto quando este lhes era atribuído, embora não procurassem oportunidades de matar por iniciativa própria.

O aspecto mais notável dessa descoberta, em minha visão, foi a surpreendente similaridade entre a distribuição estatística, no trabalho de Browning, de fanáticos, moderados e fervorosos "nem isso nem aquilo" e as reações dos sujeitos dos experimentos de Zimbardo e Milgram a ordens oficialmente endossadas. Em todos os três casos, algumas pessoas às quais se havia ordenado que cometessem crueldades se mostraram ávidas demais para aproveitar a oportunidade e dar vazão a seus próprios impulsos malignos; outras – em número mais ou menos semelhante – recusaram-se a fazer o mal independentemente das circunstâncias e consequências de sua abstenção; enquanto um amplo "meio de campo" foi preenchido por pessoas que eram indiferentes, desinteressadas e sem qualquer engajamento particular, ou um forte compromisso com um dos extremos do espectro da atitude, evitando assumir posições a favor da moral ou contra ela, preferindo em vez disso seguir a linha de menor resistência e fazer o que ditasse a prudência e a despreocupação permitisse.

Em outras palavras, nos três casos (assim como em inumeráveis outros no amplo conjunto de estudos entre os quais essas três investigações foram aclamadas como os exemplos mais espetaculares e esclarecedores), a distribuição das probabilidades de que a ordem de fazer o mal fosse obedecida ou rejeitada seguiu o padrão conhecido em estatística como curva de Gauss (às vezes chamada de curva do sino, distribuição de Gauss ou função de Gauss), que se acredita ser o gráfico da mais comum e prototípica – ou seja, "normal" – das distribuições de probabilidade.

Lemos na Wikipedia que a noção de curva de Gauss se refere à tendência de que os resultados "se agrupem em torno de uma média ou mediana". "O gráfico da função densidade de probabilidades associadas tem o formato de um sino, com o pico na média." Também lemos que, "provavelmente, segundo o teorema do limite central, qualquer variável que seja a soma de um grande número de fatores independentes será distribuída de forma normal".

Como as probabilidades de várias reações comportamentais da parte de pessoas expostas à pressão do mal mostram uma clara tendência a assumir a forma de uma curva de Gauss, podemos arriscar a suposição de que, também no seu caso, os resultados foram agravados pela interferência mútua de grande número de fatores independentes: ordens vindas de cima; respeito instintivo ou profundamente arraigado pela autoridade, ou medo dela; lealdade reforçada por considerações de dever e disciplina – estes foram alguns deles, mas não necessariamente os únicos.

O possível aspecto positivo dessa nuvem uniformemente sombria é que parece plausível (apenas plausível) que, sob as condições da modernidade líquida, marcada pelo afrouxamento ou dissipação das hierarquias burocráticas de autoridade, assim como pela multiplicação de lugares a partir dos quais recomendações concorrentes são vocalizadas (os dois fatores responsáveis pelo aumento da incoerência e pela redução da audibilidade dessas vozes), outros fatores, mais pessoais e idiossincrásicos, como por exemplo o caráter da pessoa, possam desempenhar um papel cada vez mais importante na escolha das respostas. A humanidade dos seres humanos poderia sair ganhando, se assim fosse.

No entanto, até agora, nossa experiência comum tem poucas razões a oferecer (se é que tem alguma) para sermos otimistas. Como sugere W.G. Sebald (em *Luftkrieg und Literatur*, de 1999, traduzido para o inglês por Anthea Bell como *On the Natural History of Destruction*), "somos incapazes de aprender com os infortúnios que provocamos a nós mesmos"; e "somos incorrigíveis e continuaremos a caminhar ao longo de trilhas batidas que guardam pouca relação com a antiga rede de estradas".[18] Tendendo como todos tendemos, por natureza ou treinamento, a procurar e achar o caminho mais curto para os objetivos que buscamos e consideramos que vale a pena buscar, os "infortúnios" (em particular aqueles sofridos por outros) não parecem ser um preço muito alto a pagar por reduzir a rota, cortar os custos e ampliar os efeitos.

Sebald cita, com base no livro *Unheimlichkeit der Zeit*, de Alexander Kluge, a entrevista realizada por um jornalista alemão de nome Kunzert com o brigadeiro Frederick L. Anderson, da Oitava Força Aérea do Exército americano. Pressionado por Kunzert a explicar se havia uma forma de prevenir ou evitar a destruição de Halberstadt, sua cidade natal, pelo bombardeio maciço realizado pelos americanos, Anderson respondeu que as bombas, afinal, eram "artigos caros". "Na prática, não poderiam ter sido lançadas sobre montanhas ou em campo aberto depois de ter dado tanto trabalho para produzi-las lá no nosso país."[19] Anderson, de uma franqueza incomum, foi direto ao ponto; não foi a necessidade de fazer alguma coisa a respeito de Halberstadt

Uma história natural do mal 181

que motivou a decisão de usar as bombas, mas a necessidade de fazer alguma coisa com as bombas que motivou a decisão sobre o destino da cidade. Halberstadt foi apenas uma "baixa colateral" (para atualizar a linguagem dos militares) do sucesso das fábricas de bombas. Como explica Sebald, "uma vez que o material foi manufaturado, simplesmente deixar os aviões e suas valiosas cargas parados nos aeroportos do leste da Inglaterra ia contra qualquer instinto econômico saudável".[20]

Esse "instinto econômico" talvez tenha dado a primeira (mas sem dúvida deu a última) palavra no debate sobre a adequação e utilidade da estratégia de sir Arthur Harris, apelidado de "Bombardeiro": a destruição de cidades alemãs ganhou impulso total e irresistível bem depois da primavera de 1944, quando já se havia manifestado aos *policy makers* e aos responsáveis pelas ordens militares que – honestamente, ao contrário do objetivo oficial proclamado da campanha aérea e de sua execução prolongada, determinada, profusa e fervorosa – "a moral da população alemã se mantinha inquebrantável, enquanto a produção industrial só era prejudicada de modo marginal, se tanto, e o final da guerra não se havia abreviado em um só dia".

Na época dessa descoberta e dessa revelação, "o *matériel*" em questão já tinha sido manufaturado e estava esgotando a capacidade de armazenamento dos depósitos; deixá-lo inativo iria "contra qualquer instinto econômico saudável"; ou, para dizer de maneira mais simples, não faria "sentido econômico" (segundo uma estimativa de A.J.P. Taylor, citado por Max Hastings,[21] no final, a manutenção da campanha de bombardeios envolveu e "engoliu" um terço da produção britânica a serviço da guerra).

Até agora esboçamos e comparamos dois caminhos ao longo dos quais a busca de uma resposta ao *unde malum* tem andado nos últimos tempos. Há, porém, um terceiro percurso, o qual, dada a universalidade e extemporaneidade dos fatores que invoca e emprega na busca de compreensão, merece ser chamado de *an-*

tropológico. É uma perspectiva que, com a passagem do tempo, parece crescer em importância e esperança, tal como os outros dois descritos acima quase até a exaustão de seu potencial cognitivo. Poderíamos intuir do estudo de Sebald a direção desse terceiro caminho. Ele já tinha sido estabelecido antes, contudo, no seminal estudo de Günther Anders, subestimado e ignorado por algumas décadas, sobre o fenômeno da "síndrome de Nagasaki", acusado por Anders de ter o potencial plena e verdadeiramente apocalíptico de um "globocídio".[22] A "síndrome de Nagasaki", sugeriu Anders, significa que "o que foi feito uma vez pode ser repetido outras vezes, com reservas cada vez menores"; a cada caso sucessivo, de modo cada vez mais "trivial, banal, com poucas deliberações ou motivos". "A repetição do ultraje não só é possível, mas provável – enquanto a chance de ganhar a batalha para evitá-la se torna menor, e a de perdê-la aumenta."

A decisão de lançar bombas atômicas sobre Hiroxima, em 6 de agosto, e três dias depois sobre Nagasaki foi explicada oficialmente, *ex post facto*, pela necessidade de antecipar a capitulação do Japão, a fim de salvar as incontáveis vidas de americanos que decerto se perderiam se o exército dos Estados Unidos fosse obrigado a invadir o arquipélago japonês. O júri da história ainda está reunido, mas a versão oficial do motivo, justificando a crueldade e a vilania dos meios por referência à nobreza e à grandiosidade dos fins, foi há pouco posta em dúvida por historiadores americanos que examinaram informações recém-liberadas sobre as circunstâncias em que a decisão foi ponderada, assumida e implementada, permitindo que a versão oficial fosse questionada em bases não apenas morais, mas também factuais.

Como sustentam seus críticos, os governantes do Japão estavam prontos a capitular mais ou menos um mês antes de a primeira bomba ser lançada – e bastariam dois passos para que depusessem as armas: o consentimento de Truman de que o Exército Soviético entrasse na guerra contra o Japão e o compromisso dos aliados de manter no trono o imperador depois que o país se rendesse.

Truman, porém, procrastinou. Esperou os resultados do teste que seria realizado em Alamogordo, Novo México, onde deveriam ser dados os toques finais das primeiras bombas atômicas. A notícia sobre os resultados chegou a Potsdam em 17 de julho; o teste não apenas foi um sucesso – o impacto da explosão ultrapassou as expectativas mais audaciosas. Desgostoso com a ideia de destinar ao depósito de lixo uma tecnologia tão cara, Truman começou a ganhar tempo. A prova genuína de sua procrastinação poderia ser facilmente deduzida do triunfante pronunciamento presidencial publicado no *New York Times* no dia seguinte à destruição de centenas de milhares de vidas em Hiroxima: "Fizemos a mais audaciosa aposta científica da história, uma aposta de US$ 2 bilhões – e vencemos." Ninguém poderia desperdiçar US$ 2 bilhões, poderia? Se o objetivo original é alcançado antes que o produto tenha a chance de ser usado, logo se encontra um novo objetivo que irá preservar ou restaurar o "sentido econômico" da despesa.

Em 16 de março de 1945, quando a Alemanha nazista já estava de joelhos e um rápido final da guerra já não era motivo de dúvida, Arthur Harris, o "Bombardeiro", enviou 225 bombardeiros Lancaster e onze caças Mosquito com ordens de despejar 289 toneladas de explosivos e 573 de substâncias incendiárias sobre Würzburg, cidade de porte médio, com 107 mil habitantes, rica em história e tesouros artísticos, mas pobre em indústrias. Entre 21h20min e 21h37min, cerca de 5 mil habitantes (66% dos quais eram mulheres, e 14% crianças) foram mortos, enquanto 21 mil residências pegaram fogo; somente 6 mil moradores ainda tinham um teto sobre suas cabeças quando os aviões foram embora. Hermann Knell, que calculou esses números depois de um exame escrupuloso dos arquivos,[23] pergunta por que uma cidade destituída de qualquer importância estratégica (opinião confirmada, mesmo que de maneira indireta, pela omissão de qualquer menção ao nome dessa cidade na história oficial da Real Força Aérea, a qual registra com meticulosidade todas as suas realizações, por menores que sejam) foi escolhida para ser destruída. Tendo examinado todas as causas alternativas concebíveis, e as desqualificado uma a uma, restou a Knell a única resposta sensata para essa pergunta: a de que Arthur Harris e Carl Spaatz (comandante da Força Aérea americana na Grã-Bretanha e na Itália) se viram às voltas com uma escassez de alvos no início de 1945:

> O bombardeio seguiu como planejado, sem que a mudança da situação militar fosse levada em conta. A destruição de cidades alemãs prosseguiu até o final de abril. Aparentemente, uma vez posta em movimento, a máquina militar não podia ser detida. Tinha vida própria. Agora se dispunha de todos os equipamentos e soldados. Deve ter sido esse aspecto que fez Harris decidir que Würzburg devia ser atacada.

Mas, de todos os lugares, por que Würzburg? Só por conveniência. Como missões de reconhecimento já haviam mostrado, "a cidade podia ser facilmente localizada com os instrumentos eletrônicos então disponíveis". E era longe o bastante da vanguarda das tropas aliadas para reduzir a ameaça de um novo caso de "fogo amigo" (ou seja, lançar bombas sobre seus próprios soldados). Em outras palavras, a cidade era "um alvo fácil e sem riscos". Esse era o problema de Würzburg, inadvertido e involuntário, um tipo de problema para o qual nenhum alvo seria jamais perdoado uma vez que "a máquina militar estivesse em movimento".

Em *La Violence nazie: une généalogie européenne*, Enzo Traverso apresenta o conceito da civilização moderna como "potencialmente bárbara".[24] Num estudo dedicado à violência nazista, ele chega à conclusão de que as atrocidades ao estilo nazista foram singulares apenas no sentido de sintetizar um grande número de meios de escravização e aniquilação já testados, embora separadamente, na história da civilização ocidental.

As bombas lançadas sobre Hiroxima e Nagasaki provam que sentimentos anti-iluministas não são condições necessárias para o massacre tecnológico. As duas bombas atômicas, da mesma forma que os campos de concentração nazistas, foram elementos do "processo civilizador", manifestações de um de seus potenciais, uma de suas faces e uma de suas possíveis ramificações.

Traverso termina sua pesquisa com a advertência de que não há base alguma para excluir a possibilidade de outras sínteses no futuro – não menos mortíferas que as dos nazistas. A Europa liberal, civilizada, do século XX revelou-se, no fim das contas, um laboratório de violência. Eu mesmo acrescentaria que não há sinais de que esse laboratório tenha sido fechado ou de que a operação tenha cessado na aurora do século XXI.

Günther Anders pergunta: seremos nós, nesta era das máquinas, as últimas relíquias do passado que ainda não conseguiram varrer os sedimentos tóxicos das antigas atrocidades?[25] E responde: os ultrajes que estamos debatendo foram *então* cometidos não porque *ainda* fossem viáveis (ou *até aquele momento* não tivessem sido erradicados), mas, pelo contrário: *já* eram perpetrados então porque *já* se haviam tornado viáveis e plausíveis.

Permitam-me resumir. Deve ter havido um "primeiro momento" em que as atrocidades tecnologicamente amparadas, até então inconcebíveis, se tornaram viáveis. Essas atrocidades devem ter tido um princípio, um ponto de partida – mas disso não se segue que também devessem ter um fim. Não resulta que tenham entrado no convívio humano apenas para uma breve visita; e menos ainda que tenham trazido consigo ou colocado em movimento mecanismos destinados a, mais cedo ou mais tarde, fazê-las partir. Antes pelo contrário: uma vez que se ponha em prática um dispositivo que permita separar a capacidade tecnológica da imaginação moral, ele se torna capaz de propelir, reforçar e revigorar a si mesmo. A capacidade humana de ajustar-se, habituar-se, acostumar-se, começar hoje do ponto alcançado na noite anterior e, considerando-se tudo, reciclar o que ontem era inconcebível, transformando-o no fato trivial de hoje, é testemunha disso.

As atrocidades, em outras palavras, não são capazes de condenar ou destruir a si mesmas. Pelo contrário, elas reproduzem a si mesmas; o que antes era um choque e uma virada inesperada e horrorosa do destino (uma descoberta surpreendente, uma revelação repulsiva) degenera num reflexo condicionado rotineiro. Hiroxima foi um choque com ecos ensurdecedores e em aparência inextinguíveis. Três dias depois, Nagasaki dificilmente pôde ser considerada um choque, evocando poucos ecos, se é que algum. Joseph Roth assinalou um dos mecanismos dessa familiarização insensibilizadora:

> Quando ocorre uma catástrofe, as pessoas próximas ficam tão chocadas que são forçadas a se ajudar mutuamente. Decerto as catástrofes agudas têm esse efeito. Parece que as pessoas têm a esperança de que sejam breves. Mas as catástrofes crônicas são tão desagradáveis para quem está próximo que aos poucos as pessoas se tornam indiferentes a elas e a suas vítimas, se não se tornam impacientes. ... Quando a emergência se torna prolongada, as mãos amigas voltam aos bolsos, o fogo da compaixão esfria.[26]

Em outras palavras, uma catástrofe prolongada marca o caminho de sua própria continuação ao destinar o choque e o ultraje iniciais ao esquecimento, e assim enfraquece e fragiliza a solidariedade humana com suas vítimas, minando, dessa forma, a possibilidade de unir forças para que se previna uma futura vitimização.

Mas, em primeiro lugar, como e por que essas atrocidades vieram a acontecer? Para os exploradores da fonte do mal, ao que parece, é Anders quem esboça ainda outra abordagem, a qual seria melhor chamar de *metafísica*. Seus antecedentes podem ser detectados no conceito de Heidegger de *techne*, embora, curiosamente, esse aclamado metafísico do ser-no-tempo tenha colocado a *techne* além do tempo histórico, na metafísica do *Sein* – do ser – *como tal*, assim apresentando-a como um atributo imune à história, irrevogável e imutável, de todo e qualquer ser.

Anders, por outro lado, está muito consciente da interdependência íntima entre *techne* e história, assim como da sensibilidade da *techne* às transmutações históricas das formas de vida. Como se pode ver, ele concentrava-se numa metafísica do mal feita sob medida para os nossos tempos, um mal específico, singularmente endêmico à nossa própria forma atual e ainda ininterrupta de convivência humana: uma forma definida e distinta de outras formas por uma *techne* (um produto, em última instância, do poder humano de imaginação) movendo-se bem *além dos poderes humanos da imaginação* e, por sua vez, subjugando, escravizando e mutilando a própria capacidade humana que a trouxe à luz.

Um protótipo da história convoluta e sinuosa da "*techne*" de Anders deve ser procurado, quem sabe, na antiga saga do genioso aprendiz de feiticeiro, na fisiologia da alienação de Hegel e Marx e, mais perto de nós, na ideia de Georg Simmel de "tragédia da cultura" – dos produtos do espírito humano ascendendo a um volume que transcende e deixa bem para trás o poder humano de absorção, compreensão, assimilação e perícia.

De acordo com Anders, o poder humano de produzir (*herstellen*: "conseguir fazer coisas, implementar planos") foi emancipado, nas últimas décadas, das restrições impostas pelo poder (muito menos ampliável) dos seres humanos para imaginar, representar e tornar inteligível (*vorstellen*). É nesse fenômeno relativamente novo, o hiato (*Diskrepanz*) que separa os poderes humanos de criação e imaginação, que tem raízes a variedade contemporânea do mal. A calamidade moral de nossos tempos "não se desenvolve a partir da sensualidade ou da perfídia, da desonestidade ou da licenciosidade, nem mesmo da exploração – mas de um déficit de imaginação"; enquanto a imaginação, como Anders insiste sem cessar, apreende mais da "verdade" (*nimmt mehr "wahr"*) do que é capaz nossa percepção empírica orientada para as máquinas (*Wahrnehmung*).[27] Acrescentaria eu: a imaginação também apreende mais da verdade *moral*, em cujo encontro nossa percepção empírica tem os olhos especialmente vendados.

A realidade apreendida pela percepção tornada órfã pela imaginação, e além da qual ela é incapaz de avançar, é sempre já pronta, fabricada e operada tecnologicamente; nela não há lugar para aqueles milhares ou milhões atirados à sua extremidade receptora e sentenciados à destruição por bombas atômicas, napalm ou gás venenoso. Como assinala Anders, "não se rangem os dentes ao se apertar uma tecla. ... Um botão é um botão."[28] Se o apertar do botão liga um aparelho de cozinha que faz sorvete, leva a corrente para uma rede elétrica ou liberta os Cavaleiros do Apocalipse, isso não faz diferença. "O gesto que dará início ao Apocalipse não será diferente de qualquer outro gesto – e será feito, como todos os outros gestos, de modo semelhante, por um operador guiado e aborrecido pela rotina." "Se alguma coisa simboliza a natureza satânica de nossa situação, é precisamente essa inocência do gesto";[29] o caráter desprezível do esforço e do pensamento necessários para desencadear um cataclismo – qualquer cataclismo, incluindo o globocídio. *Somos tecnologicamente todo-poderosos por obra e graça da falta de poder de nossa imaginação.*

Destituídos, como estamos, de poder, somos onipotentes, pois capazes de trazer à luz forças aptas, por sua vez, a produzir efeitos de que não seríamos capazes com nosso "equipamento natural" – com nossos próprios músculos e mãos. Mas tendo nos tornado todo-poderosos nesse sentido, olhando e admirando a força e a eficiência, assim como os efeitos perturbadores, de entidades que nós mesmos planejamos e invocamos, descobrimos nossa própria falta de poder. Essa descoberta vem junto com outra: a do *orgulho* de inventar e colocar em ação máquinas magníficas capazes de realizar feitos hercúleos que de outra maneira não obteríamos. No mesmo sentido, contudo, sentimo-nos *ameaçados* pelos padrões de perfeição que estabelecemos para as máquinas que nós mesmos trouxemos ao mundo, mas às quais

Uma história natural do mal

não nos podemos equiparar. E assim, afinal, descobrimos a *vergonha*, a ignomínia de nossa própria inferioridade, e portanto a humilhação que nos esmaga quando nos confrontamos com nossa própria impotência.

Essas três descobertas combinam-se, como sugere Anders, no "complexo de Prometeu". Anders tem nomes para os objetos de cada descoberta: o orgulho de Prometeu, o desafio de Prometeu e a vergonha de Prometeu.[30] Esta última é o senso da própria inferioridade e imperfeição, ambas gritantes quando justapostas à perfeição, ou melhor, onipotência das coisas fabricadas; o resultado da indignidade que nos foi imposta, em última instância, por não termos conseguido nos reificar, nos tornar *como* as máquinas, indomáveis, irresistíveis, irrefreáveis, insubmissas e ingovernáveis, como são as máquinas quando estão "no melhor de si". Para amenizar essa infâmia, precisamos demonstrar nossa própria capacidade de realizar, por nossos próprios meios naturais e esforços corporais, e sem a ajuda das máquinas, coisas que as máquinas fazem com muita facilidade, de modo trivial; em outras palavras, precisamos nos transformar em meios para outros meios, ferramentas para outras ferramentas.

Depois de terem visto, a partir de suas máquinas de guerra em voo rasante, com avidez e de perto, as destruições causadas pelos instrumentos de assassinato e devastação despejados sobre a aldeia de My Lai, os soldados do tenente Calley não conseguiram resistir à ameaça ou tentação de realizar pessoalmente, com as próprias mãos, o que suas máquinas haviam feito de forma mecânica; a tentação de se equiparar aos instrumentos de destruição e superá-los na busca de perfeição – mesmo que só por um momento, aqui e agora, nesta aldeia.[31]A visão de objetos inanimados utilizados para a tarefa sangrenta ampliava os *horizontes* dos soldados, revelava *possibilidades* não consideradas, estimulava a *imaginação* – mas eram horizontes já traçados pelas máquinas, possibilidades abertas por um comportamento mecânico e por uma imaginação pré-fabricada industrialmente.

Em sua segunda carta aberta a Klaus Eichmann,[32] Anders fala da relação entre o Estado criminoso nazista e o regime mundial contemporâneo: "A afinidade entre o império tecnototalitário que nos ameaça e o monstruoso império nazista é evidente." Mas ele logo trata de explicar que faz essa afirmação como uma provocação cujo alvo é a opinião generalizada (porque confortável) de que o Terceiro Reich foi um fenômeno singular, uma aberração atípica de nossos tempos e, em particular, de nosso mundo ocidental; uma opinião cuja popularidade se deve a seu traiçoeiro poder de absolver e legitimar o ato de fecharmos os olhos diante de nosso próprio potencial repulsivo e apavorante. Pessoalmente, lamento muitíssimo que eu não estivesse consciente dessas conclusões de Anders quando escrevi *Modernidade e Holocausto*.

Em resposta à sugestão de um jornalista, de que pertence à categoria dos "profetas da desgraça", Anders afirmou que considera esse título uma distinção e o porta com orgulho – acrescentando que "em nossos dias, a tarefa moral mais importante é tornar as pessoas conscientes de que precisam ficar alarmadas e de que os medos que as assaltam têm motivos válidos".[33]

· 10 ·

Wir arme Leut'

Wir arme Leut' ("Miseráveis como nós") é o que diz Wozzeck no primeiro ato da ópera homônima de Alban Berg, quando canta em defesa própria, em reação às acusações de indecência e falta de castidade lançadas sobre ele pelo Capitão e pelo Doutor – pessoas bem-educadas, abastadas e respeitadas. Wozzeck não consegue viver segundo os padrões de adequação e decência que eles estabeleceram, acreditam seguir e exigem que todos os outros obedeçam e respeitem. Pelo menos é isso que o Capitão e o Doutor dizem. Eles zombam de Wozzeck, riem e debocham dele por ser tão ostensivamente *diferente deles*. Responsabilizam sua falta de princípios, sua grosseria e sua vulgaridade por esse pecado abominável e imperdoável. *Wir arme Leut'*, replica Wozzeck, não poderíamos viver como os senhores, por mais que tentássemos.

No jogo da virtude e do vício, as regras foram estabelecidas pelos senhores e por pessoas *semelhantes*; portanto, eles as consideram fáceis de seguir; mas achariam difícil se fossem pobres como somos *wir, die arme Leute'*. Observem, por favor, que Wozzeck diz *Wir*, não *ich* ("nós" e não "eu")! Em outras palavras: "Aquilo de que os senhores me acusam", poderia ele ter explicado, "não é um defeito *pessoal* meu. Não sou só eu que fica abaixo dos padrões que os senhores estabeleceram. Há muitos fracassados como eu. Ao me censurar, estão censurando todos esses outros – todos nós."

Mas quem são esses "nós" que Wozzeck chama para testemunhar em seu favor?

Ser pobre é ser solitário...

Wozzeck não se refere a uma classe, uma raça, um grupo étnico, uma fé, uma nação. Não menciona nenhum desses corpos em geral ostentados, que assumem de modo tácito e declaram ferozmente serem comunidades: grupos que se imaginam (para o bem ou para o mal) unidos – pelo passado comum, pela condição atual e pelo destino futuro, por suas poucas alegrias e suas muitas tristezas, pelos poucos golpes da sorte e pelos muitos infortúnios. Grupos que exigem a lealdade de seus membros, tendo nascido dessa lealdade e ressuscitados a cada dia pela dedicação contínua de seus membros. Grupos que esperam de todos os membros que compartilhem a responsabilidade pelo bem-estar de todos os outros e que lutem juntos contra o mal-estar comuns. Grupos que sabem quem é membro ("um de *nós*") e quem não é (sendo, portanto, "um *deles*"), que estabelecem uma divisa entre "nós" e "eles" e fazem o possível para controlar o tráfego de fronteira. Na invocação de Wozzeck a "*wir arme Leut*", essa comunidade só está presente como um fantasma, presente graças à sua (lamentável, deplorável) *ausência*.

Mas, por favor, observem que o mais importante, no drama de Georg Büchner, não são os poucos discursos breves e ligeiros de Wozzeck, mas seus silêncios, raramente interrompidos, amplos, abundantes e (*sic!*) eloquentes. Neles não há uma invocação a comunidades. É como se Wozzeck obedecesse à determinação de Ludwig Wittgenstein: "Sobre aquilo de que não se pode falar deve-se manter silêncio." Sobre comunidades, Wozzeck manteve silêncio, já que não havia (nem há) comunidades de que pudesse falar. E assim, em sua busca desesperada de apologia e autodefesa, invocou os *arme Leut'*.

Os *arme Leut'* não formam uma comunidade. Em vez de uni-los, sua miséria os separa e os divide. Os pobres suportam suas dores individualmente, da mesma forma que são individualmente acusados por seus defeitos e sua miséria (individualmente causados e individualmente sofridos). Cada um deles entrou na categoria de *arme Leut'* em função de defeitos próprios, individuais, e cada um lambe sozinho suas próprias feridas.

Os *arme Leut'* podem invejar ou temer um ao outro; às vezes podem ter piedade ou até (embora não muito amiúde) gostar um do outro. Nenhum deles, contudo, chegaria a *respeitar* outra criatura "igual a si". Se outras pessoas são mesmo "iguais" a mim, devem ser indignas de respeito e merecer o desprezo e o escárnio como eu! Os *arme Leut'* têm boas razões para recusar o respeito e não ter, por sua vez, a expectativa de ser respeitados: sua *Armut*, *Ärmlichkeit*, *Armseligkeit* ("pobreza, humildade, desgraça"), assinalando a privação material, sem dúvida uma condição miserável e dolorosa, também são marcas indeléveis e nítidas evidências de indignidade e desrespeito social. São testemunhas de que as pessoas com autoridade, que detêm o poder de conceder ou recusar direitos, recusaram-se a lhes conceder os direitos devidos a outros seres humanos "normais". Assim, são testemunhas por procuração da humilhação e do autodesprezo que inevitavelmente acompanham o endosso social da desvalorização e da ignomínia pessoais.

Se o único nome que Wozzeck pudesse usar para se referir aos "outros como eu" fosse *arme Leut'*, então o que ele deixou indiretamente escapar, de forma consciente ou não, foi sua exclusão da família dos homens "normais"; e seu banimento das comunidades que conhecia e de que tinha ouvido falar, sem um convite para se juntar a qualquer outra, nem a perspectiva de ser admitido numa delas.

194 Danos colaterais

... entre os solitários...

Se Andreas Kriegenburg, diretor de produção da Ópera do Estado Bávaro em 2008, fosse reescrever a letra da canção de Wozzeck no idioma de seus espectadores e ouvintes, talvez pudesse substituir *Wir arme Leut'* por *Wir, die Unterklasse*. A "*Unterklasse*" ("subclasse") não é uma comunidade, mas uma categoria. O único atributo comum a todos os seres humanos nela englobados é o estigma do estranhamento, de terem sido excluídos. É o estigma de uma exclusão total de todos os locais e situações em que todas as outras identidades e títulos de reconhecimento humanos são produzidos, negociados, refeitos ou desfeitos. Ser excluído por estar relegado à "subclasse" significa ser privado de todos os ornamentos e sinais socialmente produzidos e aceitos que elevam a vida biológica à categoria de ser social e transformam rebanhos em comunidades.

A subclasse não é apenas a ausência de comunidade; é *sua própria impossibilidade*. Em última instância, isso também significa a impossibilidade de uma humanidade – porque só por meio de uma rede de comunidades que detenha os direitos de conferir e endossar uma identidade socialmente legível e respeitada se pode ingressar na humanidade. Como assinalou Aristóteles quase dois milênios e meio atrás, não se pode ser humano – ou, sendo humano, sobreviver – fora de uma "pólis"; só anjos e feras podem existir fora da pólis, acrescentou ele. Sócrates devia ter a mesma opinião, já que, não sendo anjo nem fera, preferiu um copo de cicuta a ser banido de Atenas.

Mas a subclasse também é uma categoria liminar ao extremo. Ela mostra o apavorante deserto a que o território da exclusão, uma vez penetrado, pode conduzir; um deserto além do qual só pode haver um vazio, um buraco negro sem fundo. A subclasse é um nítido retrato da insignificância a que os seres humanos podem ser rebaixados, cair ou ser empurrados; e a sorte dos que nela são classificados pode parecer desesperadamente irreversível e irreparável, para além do ponto de retorno; uma vez lá, não há caminho de volta, não se pode retornar de Hades, um olhar irá lançá-lo de volta àquela escuridão sobrenatural, tal como Orfeu e Eurídice aprenderam da maneira mais difícil – de fato, a mais trágica.

É por isso que a subclasse é considerada tão desagradável e repelente, por ser, como observou Bertold Brecht, *ein Bote des Unglück* ("um arauto do infortúnio"); a subclasse revela e mostra brutalmente uma possibilidade arrepiante que preferiríamos continuar a desconhecer. O que aconteceu com eles pode muito bem ocorrer a qualquer um de nós, se não nos esforçarmos o bastante para permanecer à tona, e mesmo que tentemos. Para o Capitão e o Doutor, Wozzeck é de fato um arauto do infortúnio; por esse motivo, o que quer que faça será depreciado e usado contra ele; não podemos esquecer a mensagem – mas podemos descarregar no mensageiro o medo que ela desperta. Wozzeck é apavorante – e nada pode fazer quanto a isso, já que, ainda que fosse o mais gentil, loquaz e benevolente dos seres humanos, e não a criatura triste, taciturna e amarga que é, ainda assim seria assustador como arauto de notícias assustadoras.

... temido, detestado, humilhado...

Tão assustador em Wozzeck e gente de sua laia – *die arme Leut'* – é o destino do qual ele foi tão obviamente vítima. "Destino" é o nome que damos aos tipos de acontecimentos que não podemos prever nem evitar; eventos que não desejamos nem causamos. O nome de algo que "aconteceu conosco" sem nossa intenção, muito menos nossa ação; de reviravoltas da sorte que caem sobre nós como o raio proverbial em céu azul. O "destino" nos assusta precisamente por ser imprevisível e inevitável. Lembra-nos que há limites àquilo que podemos fazer para moldar nossas vidas como gostaríamos que elas fossem moldadas, limites que não podemos transpor, coisas que somos incapazes de controlar –

ainda que nos esforcemos ao máximo. O "destino" é o epítome do desconhecido, do que não podemos explicar nem entender – e é por isso que é tão assustador.

Citando uma vez mais Wittgenstein, "compreender" significa "saber como prosseguir"; no mesmo sentido, se acontece algo que não compreendemos, não sabemos o que fazer; isso nos faz sentir infelizes e desamparados, impotentes. Ser infeliz sempre é humilhante, mas nunca tanto como quando o "destino" ataca *individualmente*: quando *eu* sou aquele que foi atingido, enquanto *outros à minha volta* foram ignorados pelo desastre e seguiram em frente como se nada houvesse acontecido. Outras pessoas parecem ter conseguido sair ilesas e intactas, mas eu, abominavelmente, fracassei. Logo, deve haver algo de errado comigo, pessoalmente, algo que chamou a catástrofe, que atraiu o desastre em minha direção, ao mesmo tempo que deixava de lado outras pessoas mais espertas, perspicazes e laboriosas que eu.

O sentimento de humilhação sempre corrói a autoestima e a autoconfiança do humilhado, mas nunca de maneira tão grave quanto como ocorre quando a humilhação é sofrida de modo solitário. É nesses casos que à injúria se acrescenta o insulto: imagina-se que haja uma conexão íntima entre um destino severo e os fracassos individuais da própria vítima. É por isso que Wozzeck tenta desesperadamente "desindividualizar" tanto sua miséria quanto sua incapacidade, reapresentando-as como apenas um exemplo do sofrimento comum à multidão dos *arme Leut'*.

Os que o castigam e ridicularizam, pelo contrário, tentam "individualizar" a indolência dele. Não vão dar ouvidos aos *arme Leut'* e ao destino que estes compartilham. De modo tão desesperado quanto Wozzeck busca desindividualizar seu infortúnio, eles tentam colocar o peso da responsabilidade sobre os ombros dele. Ao fazê-lo, talvez consigam afastar (ou ao menos reprimir por algum tempo) a terrível premonição que emana da visão do infortúnio de Wozzeck (a premonição de que, se hesitarem, algo assim possa acontecer com eles). Wozzeck, insistem ruidosamente, na esperança de silenciar as próprias ansiedades, atraiu a má sorte para si. Por ação ou inação, escolheu o próprio destino. Nós, porém, seus críticos, escolhemos uma forma de vida diferente; assim, a miséria de Wozzeck não pode nos atingir.

Da mesma forma como um milionário da City de Londres recentemente tentou convencer dois jornalistas curiosos de que a disparidade entre sua riqueza e a pobreza de outros se devia a causas inteiramente morais: "Muitas pessoas se deram bem porque desejam obter êxito, muitas outras não conseguiram porque não o queriam."[1] É simples assim: quem quer se dar bem consegue – quem não quer não consegue. Dúvidas, premonições, surtos de ansiedade, tudo é resolvido, pelos menos por algum tempo (será necessário aplacá-los de novo amanhã, e de novo depois de amanhã); tal como os insucessos dos fracassados se devem às suas próprias falhas volitivas, meus êxitos são atribuíveis à minha própria vontade e determinação. Tal como Wozzeck precisa esconder-se por trás do destino dos *arme Leut'* para preservar o que possa restar de sua autoestima, também o Capitão e o Doutor devem desnudar o destino dele até expor os ossos dos fracassos individuais, de modo a preservar o que possa restar de sua autoconfiança.

E oito anos depois?

Os atuais descendentes do Capitão e do Doutor, tal como aquele milionário da City de Londres, são obrigados a fazer o mesmo, e ainda com mais fervor e esforço. Seu fervor deve ser maior porque, hoje, o "destino" é ainda mais flagrantemente perambulante, desferindo seus golpes de forma aleatória e com efeitos ainda mais devastadores do que parecia no final da Segunda Guerra Mundial; essa seria, acreditava-se, aquela "que poria fim a todas as guerras" (por um período de tempo abominavelmente curto, como logo se revelaria), uma guerra que deveria conduzir a tempos de paz, bem-estar crescente, mais oportunidades e menos miséria para todos.

Se a geração de Berg viveu no sonho e na esperança de uma iminente segurança existencial, as gerações que encheram as salas em que se apresentou a Ópera do Estado Bávaro em 2008 vivem com a convicção de uma incerteza vitalícia, permanente e talvez incurável. Num sentido tortuoso, as preocupações do Capitão e do Doutor revelaram-se corretas, pelo menos a longo prazo – uma espécie de profecia que realiza a si mesma; o destino, na verdade, agora parece ter sido privatizado. Atinge indivíduos, muitas vezes poupando os vizinhos do lado. Seu itinerário não é menos irregular do que sempre foi, mas a frequência dos golpes que desfere parece mais regular (monótona, rotineira mesmo) do que nunca.

É exatamente como no *Big Brother*, oficialmente descrito e comumente considerado como "reality show" em que, aconteça o que acontecer, um dos protagonistas, apenas um, simplesmente deve ser excluído (por voto) da equipe a cada semana – e a única coisa que se desconhece é quem será ele esta semana e de quem será a vez na próxima. A exclusão faz parte da natureza das coisas, é um aspecto inseparável de ser e estar no mundo, uma "lei da natureza", por assim dizer – de modo que não faz sentido rebelar-se contra ela. O único tema sobre o qual vale a pena pensar, e intensamente, é como afastar a perspectiva de que seja *eu* o excluído na rodada da próxima semana.

Ninguém pode realmente declarar-se imune às reviravoltas do destino. Ninguém pode sentir-se seguro no que se refere à ameaça de ser excluído. A maioria de nós já experimentou a amargura da exclusão ou suspeitou de que a experimentaria – em algum momento indefinido do futuro. Parece que somente uns poucos de nós podem jurar serem imunes ao destino, e nos é permitido suspeitar de que a maioria desses poucos vai acabar se revelando equivocada. Só uns poucos podem ter a esperança de que jamais conhecerão o gosto de passar pelo tipo de experiência de Wozzeck (*Erlebnisse!*). Em particular por um aspecto dessa experiência: como se sente quem é afrontado e sofre humilhação.

Deve-se dizer, contudo, que o significado e a causa principal da humilhação se alteraram desde que a ópera de Berg foi escrita (e, portanto, em certo sentido, mudou o significado dos *"arme Leut"*, das pessoas que têm motivos para se queixar de privação). Hoje, o prêmio da competição individual implacável, incluindo a loteria da exclusão, não é mais a sobrevivência física (ao menos na parte abastada do planeta, e pelo menos agora e "até segunda ordem") – a satisfação das necessidades biológicas básicas que o instinto de sobrevivência exige. Tampouco é o direito à autoafirmação, de estabelecer os próprios objetivos e decidir que espécie de vida se prefere viver, já que, pelo contrário, o exercício desses direitos é considerado um dever de cada indivíduo.

Além disso, agora é axiomático que o que acontece a um indivíduo, independentemente do que seja, só pode ser consequência do exercício desses direitos ou de uma abominável falha ou recusa em exercê-los. O que quer que aconteça a um indivíduo será interpretado, em retrospecto, como outra confirmação de sua responsabilidade exclusiva e inalienável por sua situação individual, sejam esses acontecimentos adversidades ou êxitos.

Classificados como indivíduos por decreto da história, somos agora encorajados a buscar ativamente o "reconhecimento social" pelo que já foi pré-interpretado como escolhas individuais nossas; ou seja, as formas de vida que nós, indivíduos, praticamos (seja por falha ou por escolha deliberada). "Reconhecimento social" significa a aceitação, por "outros que interessam", de que uma forma de vida praticada por determinado indivíduo é digna e decente; e que, com base nisso, o indivíduo em questão merece o respeito devido e em geral prestado a todas as pessoas valorosas, dignas e decentes.

Sonhar com o reconhecimento, temer que seja negado...

A alternativa ao reconhecimento social é a negação da dignidade, a humilhação. Na recente definição de Dennis Smith, um "ato é humilhante se ignora ou contradiz a afirmação de determinados indivíduos ... sobre quem são e onde e como se encaixam".[2] Em outras palavras, se ao indivíduo é, explícita ou implicitamente, negado o reconhecimento que ele ou ela esperava pela pessoa que é e/ou pelo tipo de vida que leva; e se lhe recusam as habilitações que lhe estariam ou continuariam a estar disponíveis em função desse reconhecimento.

Uma pessoa sente-se humilhada quando "lhe mostram com brutalidade, por palavras, atos ou eventos, que ela não pode ser o que pensava ser. ... A humilhação é a experiência de ser posto de lado, rebaixado, entravado ou excluído de modo injusto, irracional ou indesejado."[3]

Essa sensação alimenta o ressentimento. Numa sociedade de indivíduos como a nossa, a dor, a irritação e o rancor de ter sido humilhado talvez sejam a variedade mais venenosa e implacável de ressentimento que alguém pode experimentar, e a causa mais comum e prolífica de conflito, dissensão, rebelião e sede de vingança. A negação do reconhecimento, a recusa do respeito devido e a ameaça de exclusão substituíram a exploração e a discriminação como fórmulas mais comumente empregadas para explicar e justificar os rancores que os indivíduos podem sentir em relação à sociedade, ou às partes ou aos aspectos da sociedade a que estão expostos (pessoalmente ou pela mídia) de modo direto; e que, portanto, vivenciam (seja em primeira ou segunda mão).

A vergonha da humilhação alimenta o autodesprezo e o ódio a si mesmo que tendem a nos esmagar ao percebermos como somos fracos, impotentes mesmo, quando tentamos nos apegar à identidade de nossa escolha, a nosso lugar na comunidade que respeitamos e apreciamos, e ao tipo de vida que tanto desejamos que seja e continue sendo o nosso por um longo tempo – quando descobrimos como é frágil nossa identidade, como são vulneráveis e instáveis nossas realizações passadas e como deve ser incerto o nosso futuro em vista da magnitude dos desafios que enfrentamos no cotidiano. Essa vergonha, e o ódio a si próprio, emerge enquanto se acumulam as provas de nossa impotência. Por conseguinte, o senso de humilhação se aprofunda.

O ódio a si mesmo, no entanto, é um estado insuportavelmente angustiante e insustentável de se enfrentar e de nele permanecer; necessita (e busca com desespero) um escoadouro; deve ser canalizado para longe de nosso self interior, que de outro modo poderia ser danificado ou até destruído. A cadeia que leva da incerteza, passando pelos sentimentos de impotência, vergonha e humilhação, ao desprezo, à aversão e ao ódio por si mesmo, e termina, portanto, na busca de um culpado "no mundo lá fora"; na procura daquela pessoa, ainda desconhecida ou sem nome, invisível ou disfarçada, que conspira contra minha (nossa) dignidade e meu (nosso) bem-estar, e me (nos) faz sofrer a dor insuportável da humilhação.

A descoberta e o desmascaramento dessa pessoa são muito necessários, pois precisamos de um alvo sobre o qual descarregar nossa raiva reprimida. As dores têm de ser vingadas, embora nem de longe esteja claro em que direção. Fazer explodir esse ódio atinge alvos (como o fez Wozzeck) aleatórios – sobretudo aqueles mais à mão, embora não necessariamente os mais responsáveis pela queda, humilhação e miséria de alguém.

Precisamos de alguém para odiar porque precisamos de alguém para culpar por nossa abominável e insustentável condição, e pelas derrotas que sofremos ao tentar melhorá-la e torná-la mais segura. Precisamos dessa pessoa para descarregar (e assim, ao que se espera, aliviar) a devastadora percepção de nossa própria indignidade. Para que essa descarga tenha êxito, contudo, toda a operação precisa encobrir todos os vestígios de uma *vendetta pessoal*. O vínculo íntimo entre a percepção do caráter repugnante e odioso do alvo escolhido e nossa frustração na busca de um escoadouro deve ser mantido em segredo. Seja qual for a maneira como foi concebido o ódio, preferimos explicar sua presença, tanto aos outros à nossa volta quanto a nós mesmos, por nossa disposição de defender as coisas boas e nobres que elas, essas pessoas malévolas e desprezíveis, depreciam e contra as quais conspiram; vamos lutar para provar que o motivo de odiá-las e nossa determinação de nos livrarmos delas foram causados (e justificados) por nosso desejo de garantir a sobrevivência de uma sociedade ordeira e civilizada. *Vamos insistir em que odiamos porque queremos ver o mundo livre do ódio.*

Isso não está de acordo, talvez, com a lógica das coisas, mas se harmoniza bem com a lógica das emoções que os membros da subclasse e outros como eles – os refugiados sem teto, os desarraigados, os "que não fazem parte", os que buscam mas não encontram asilo, os *sans papiers* – tendem a atrair nosso ressentimento e aversão. Todas essas pessoas parecem ter sido feitas sob medida para os nossos medos. São ilustrações ambulantes cujas legendas foram escritas por nossos pesadelos. São restos vivos (sedimentos, sinais, encarnações) de todas essas forças misteriosas, de modo genérico chamadas de "globalização"; e que consideramos responsáveis pela ameaça de sermos retirados à força do lugar que amamos (no país ou na sociedade) e empurrados para uma estrada com pouca ou nenhuma sinalização e sem destino conhecido. Representam, reconhecidamente, forças formidáveis, mas elas próprias são fracas e podem ser derrotadas com as armas de que dispomos. *Summa summarum*, são idealmente adequadas ao papel de uma efígie em que essas forças, incontroláveis e além do nosso alcance, podem ser queimadas, ainda que apenas como substitutas.

O *leitmotiv*, composto por Alan Berg, apresentado por Wozzeck nas palavras *Wir arme Leut'* e roteirizado por Georg Büchner, assinala a incapacidade de os personagens da ópera transcenderem sua situação; uma incapacidade que os personagens no palco compartilham com as multidões que compõem a audiência. Os artistas românticos gostariam de ver o Universo numa gota d'água. Os detratores de Wozzeck, assim como ele mesmo, poderiam ser gotas d'água. Mas, se nos esforçarmos, poderemos ver neles, se não o Universo, pelo menos, com certeza, nosso *Lebenswelt*.

· 11 ·

Sociologia: de onde e para onde?

Mais de 120 anos atrás, Albion Small opinou que a sociologia havia nascido do esforço moderno para melhorar a sociedade. Desde então, ninguém conseguiu refutar a justeza dessa observação. Assim, muito tempo depois, sugiro que, olhando em retrospecto, podemos dizer que a sociologia não apenas "nasceu", mas também dedicou grande parte de sua existência a esse esforço moderno de melhorar a sociedade (se não por outra razão, decerto pela convicção comum a todos nós de que uma sociedade com sociologia é melhor que sem ela).

O desejo de melhorar a sociedade foi um fator constante, invariável, na equação sociológica. Mas se realmente é esse o caso, a sociologia não tem história – somente uma crônica; ou pelo menos não teria uma história, a não ser que o significado de "melhorar" tivesse mudado, juntamente com o conteúdo e os objetos desse "esforço moderno". Creio que qualquer livro-texto decente de "história da sociologia" deve concentrar-se na evolução do significado que os sociólogos inseriram, com intenção ou não, mas sempre seguindo as voltas e reviravoltas desse "esforço moderno", na ideia de "melhorar a sociedade".

Como recém-chegados pedindo permissão de entrada na terra da academia uns bons séculos antes que as leis dessa terra fossem escritas para que os de dentro obedecessem e os falsos pretendentes e os imigrantes ilegais permanecessem de fora, os sociólogos precisavam demonstrar sua disposição e capacidade de se comportar tal como o exigiam as leis locais: jogar o jogo prescrito por essas leis e segundo as regras que elas haviam estabelecido. O jogo a ser jogado chamava-se "ciência".

Tão diferentes entre si como os dois candidatos mais famosos em quase todos os detalhes de sua candidatura, de fato, tão diferentes a ponto de não se reconhecerem como parceiros ou colaboradores de um mesmo ofício, em um aspecto concordavam Weber e Durkheim: os pretensiosos, os arrivistas que eles representavam, estavam firmemente decididos a jogar o único jogo daquela terra. Sendo esse jogo a ciência, a sociologia era e pretendia continuar sendo um empreendimento científico.

Durkheim, inspirado na visão de Auguste Comte dos preceitos universais da atitude científica, os mesmos para todos, dedicou-se a provar que o setor sociológico da ciência não seria de forma alguma diferente, em seu propósito e em seu código comportamental, dos segmentos estabelecidos – ou seja, os segmentos cujas credenciais científicas não eram mais questionadas (como a biologia, a física ou a demografia), todas elas tentando entender o mistério da realidade e registrar as leis obedecidas pelas realidades genuínas, embora duras e insuperáveis, os "fatos objetivos".

De sua parte, Weber, que crescera e fora educado na tradição alemã do *Geistes-* ou *Kulturwissenschaften* ("estudos culturais"), admitia que a variedade sociológica da ciência seria diferente das formas de fazer ciência praticadas em outras plagas; mas insistia em que isso não comprovava sua inferioridade, pelo contrário, mostrava seu maior potencial científico, já que a *compreensão* que a sociologia buscava destinava-se a permanecer firme, além do alcance das ciências às quais se vedava o uso de palavras como "intenção", "propósito" ou "objetivos", e que por isso haviam sido compelidas a aceitar a mera *explicação*: a composição de um inventário de causas.

Mas nenhum dos dois pioneiros permitia que se erigissem quaisquer dúvidas sobre o status científico da sociologia, muito menos que se questionasse o fato de que esse status científico era uma condição sine qua non, legítima e amplamente justificada, e também louvável, para a naturalização na terra da academia. E o que isso significou na prática?

Desde o seu nascimento (que, de modo nada surpreendente, coincidiu com o sumiço do Deus monoteísta europeu), o autorretrato da ciência foi pintado usando-se uma paleta monoteísta. De modo memorável, Jeová – o arquétipo da autoridade absoluta que serviria de padrão para todos os aspirantes posteriores a toda e qualquer variedade de posição de comando avaliarem suas ambições – "respondeu a Jó do meio da tempestade" (observe-se que, ao falar, ao contrário de Jó, "do meio da tempestade", Jeová tirou deste a chance de responder com um grau comparável de autoridade):

> Quem é este que escurece o conselho com palavras sem conhecimento? Agora cinge os teus lombos, como homem; e perguntar-te-ei, e tu me ensinarás.
>
> ...
>
> Porventura o contender contra o Todo-Poderoso é sabedoria? Quem argui assim a Deus, responda por isso. (Jó 38:2-3; 40:2)

Formulada "do meio da tempestade", essa última pergunta foi, claro, puramente retórica: Jeová não deixara a Jó nenhuma dúvida sobre sua condição, ao resumir sua longa preleção lembrando-lhe que ele, Jeová, e só Ele, "vê tudo que é alto; é rei sobre todos os filhos da soberba" (Jó 41:34). Para o que Jó, tão falante e sincero em outras ocasiões, não encontrou resposta, a não ser "Pelo que me abomino, e me arrependo no pó e na cinza" (Jó 42:6).

Bem, *hier*, como diriam os alemães, *liegt der Hund begraben* – "aqui está o xis da questão". O principal prêmio na guerra travada pelos monoteístas contra seus adversários politeístas é o direito ao solilóquio. Monoteísmo é igual a monólogo. A ascensão do *monólogo* e a desqualificação de seu oposto e inimigo declarado, o *diálogo* (ou mais exatamente o *polílogo*), significam uma estrita e irreversível divisão de status entre "sujeito" e "objeto", ou "fazer" e "sofrer"; significa, portanto, a legitimidade de uma única voz, somada à desqualificação, como ilegítimas, de todas as outras vozes; significa o direito de calar, silenciar, excluir do tribunal todas as vozes, exceto uma – ou ignorar essas outras vozes caso não se tenha pleno êxito em silenciá-las. Idealmente, significa a conquista, por essa voz, da prerrogativa de tornar todas as "outras vozes" inadmissíveis perante a corte de justiça e, portanto, pura e simplesmente inaudíveis – sendo isso suficiente para tornar qualquer nova argumentação redundante, se não um ato de profanação e um pecado de blasfêmia.

Físicos nucleares, biólogos, geólogos ou astrônomos não têm dificuldade em obter tal prerrogativa, e, portanto, esse status monoteísta. Não precisam fazer nada para assegurá-lo; a autoridade incontestável de seus pronunciamentos sobre a conduta de elétrons, células orgânicas, depósitos de minerais e galáxias distantes é garantida a priori pela própria impossibilidade de seus objetos manifestarem sua discordância na linguagem em que os cientistas fazem suas avaliações. E se a conduta silenciosa dos objetos de seus estudos contradiz as expectativas implícitas em suas avaliações, mais uma vez fica por conta deles, os cientistas, e apenas deles, transformar o que viram em "fatos objetivos", tal como são vistos na e pela ciência.

A tentativa dos sociólogos de obter o status científico exige, de modo inevitável, a *construção*, por seus próprios esforços e com a ajuda de instrumentos (estratagemas, dispositivos, expedientes) por eles mesmos inventados e planejados, de um estado de coisas que os físicos nucleares podem dar-se ao luxo de considerar *líquido e certo*. Os objetos de estudo de nossos sociólogos não são mudos por natureza. Para que possamos manter nossa condição monoteísta/*monologista* e garantir a autoridade soberana de nossos pronunciamentos, os objetos a que estes se referem devem ser em primeiro lugar *emudecidos* (como Gaston Bachelard, o grande historiador da ciência, observou: o primeiro livro científico de verdade foi um que não começou referindo-se a uma experiência humana comum e universalmente compartilhada, como uma tampa pulando sobre uma panela de água fervendo ou o ar refrescante após uma tempestade, mas com a citação de um estudo realizado por outro cientista). A mudez de nossos objetos, que por acaso são outros seres humanos armados de sua sabedoria mundana chamada "doxa" ou "senso comum", deve ser uma *realização nossa*. Deve ser *alcançada*. Mas como?

Em essência, por uma dessas duas estratégias concebíveis: limitando nossos pronunciamentos sobre os objetos (humanos, demasiadamente humanos) de nosso estudo a coisas ou eventos que esses objetos, não tendo experiência pessoal com eles e, portanto, sem chance de verificar sua veracidade, são obrigados a assumir com base na fé (tais como, por exemplo, enormes volumes de "dados" que não teriam sido produzidos se não tivessem sido financiados com generosidade por bolsas e verbas de pesquisa); e/ou envolvendo nossas avaliações numa linguagem que os objetos de nosso estudo são incapazes de compreender, e na qual não poderiam, portanto, responder, mesmo no caso incomum de desejar ou ousar fazê-lo.

As duas estratégias têm um denominador comum: ambas objetivam *evitar*, em nossas relações com os objetos de nosso estudo, aquela "fusão de horizontes" que Hans-Georg Gadamer considerava condição necessária de toda comunicação significativa, serena e eficaz.

Em oposição a elétrons ou pósitrons, os seres humanos não são objetos passivos do conhecimento, ao estilo de Descartes, construtos do sujeito, devendo ao sujeito cognoscente toda a compreensão que possam obter ou que lhes seja atribuída; mas nossa busca de um status científico tende a ser, em última instância, uma busca de transformá-los nesses objetos passivos, ou pelo menos de tratá-los como se assim fossem. Nossa procura de um status científico pressupõe uma *ruptura unilateral da comu-*

nicação. Na prática, essa busca equivale à disposição de desperdiçar voluntariamente a oportunidade cognitiva oferecida por nossa humanidade comum em troca do status científico, ou seja, *monologista,* de nossas narrativas: obter de um jeito ou de outro, e por nossa própria engenhosidade, o que a natureza ofereceu a nossos colegas das ciências "naturais" numa bandeja, pronto para o consumo e a satisfação.

Sendo a expropriação o outro lado da apropriação, Weber e Durkheim tinham de fazer o possível, e o fizeram, para menosprezar e desvalorizar *avant la lettre* tudo que os outros seres humanos, para tanto reclassificados como "não profissionais", poderiam dizer para tornar compreensíveis suas próprias ações. O áspero veredicto de Durkheim (em *As regras do método sociológico*) foi que as representações dos fatos "que fomos capazes de produzir no curso de nossa vida foram feitas de maneira acrítica e não metódica" (ou seja, não da forma como procederíamos *qua* sociólogos), e por esse motivo são "destituídas de valor científico e devem ser descartadas".

Salvo pelo método cientificamente endossado, os seres humanos só são capazes de impressões "confusas, fugazes, subjetivas". Com a possível exceção dos matemáticos, lembra-nos Durkheim, "todo objeto da ciência é uma coisa". O que se segue é que, para serem admitidos no observatório ou laboratório científico, os seres humanos precisam primeiro ser mutilados, diminuídos e reduzidos à modalidade de coisas. B.F. Skinner tiraria mais tarde a conclusão adequada da recomendação de Durkheim e declararia que tudo que se passa nas cabeças humanas está para sempre fechado em "caixas-pretas", impenetráveis ao olhar científico e, portanto, sem relevância nem interesse para a ciência. Paul Lazarsfeld desculparia a indolência e inaptidão da sociologia:

> A sociologia ainda não está no estágio em que possa fornecer uma base segura para a engenharia social. ... As ciências naturais leva-

ram 250 anos, entre Galileu e o início da Revolução Industrial, para ter um efeito importante sobre a história do mundo. A pesquisa social empírica tem uma história de três ou quatro décadas.

Já na visão de Otto Neurath, imensamente influente em sua época como defensor radical da ideia de que, "aqui como lá, tanto nos *Kulturwissenschaften* quanto nos *Naturwissenschaften*", a sociologia deve sustentar-se sobre uma base materialista, o que significa tratar os homens da mesma forma que outros cientistas tratam animais, plantas ou pedras. A sociologia é uma *Realwissenschaft* ["ciência do real"], da mesma forma que, digamos, a astronomia. Populações são como galáxias de estrelas ligadas mais estreitamente entre si que a outras estrelas.

Weber não concordaria totalmente com Durkheim, muito menos com Skinner ou Neurath: não desejava que os objetos da ciência sociológica fossem reduzidos tal como eles pretendiam. As ambições de Weber iam ainda mais longe; tendo se recusado a descartar o aspecto perceptivo, auto-orientado (mesmo que comprovando o autoengano e/ou a ingenuidade), dos seres humanos, queria garantir para os sociólogos o direito ao solilóquio; não apenas em relação aos aspectos comportamentais das ações humanas, mas também a seus aspectos reconhecidamente *subjetivos*, tais como motivos, razões, propósitos – assinalando que, "na grande maioria dos casos, a ação real se dá num estado de semiconsciência inarticulada ou de verdadeira inconsciência de seu significado subjetivo".

> Os "motivos conscientes" podem muito bem, mesmo para o próprio ator, anular os vários "motivos" e "repressões" que constituem as verdadeiras forças motrizes da ação. Assim, ... mesmo a autoanálise subjetivamente honesta tem apenas um valor relativo. É então tarefa do sociólogo estar atento a essa situação motivacional e descrevê-la e analisá-la, mesmo que isso não tenha sido concretamente parte da "intenção" consciente do ator.

Em outras palavras, os seres humanos também podem ser aceitos no campo da pesquisa científica em sua capacidade de seres intencionais, motivados – embora sob a condição de renunciarem ao direito de avaliar quais são realmente suas intenções e motivos, ou serem privados dele. Uma coisa que Weber não pôde perdoar em Georg Simmel (seu contemporâneo que recusou a carreira acadêmica por toda a vida, exceto nos três últimos anos, e ainda assim graças à convocação de grande número de profissionais do ensino para os campos de matança da Primeira Guerra Mundial) foi seu pecado original: colocar os "motivos conscientes" inferiores dos atores num nível equivalente ao das interpretações superiores de suas intenções pelos analistas sociais – se não de confundir totalmente suas modalidades distintas, em vez de mantê-las em inflexível oposição entre si.

Mas chega de recontar uma história que com certeza deve ser conhecida da maioria. Só a invoquei para sugerir que a luta pelo reconhecimento de seu status científico foi uma das causas de a sociologia ter acabado no papel de serva da Razão Gerencial (ou melhor, em sua própria intenção declarada, de chefe do alojamento das criadas).

Essa Razão, nascida na Casa de Salomão, de Francis Bacon, passou seus anos de aprendizado no pan-óptico de Jeremy Bentham; e, já durante nossa vida, se estabeleceu nos inumeráveis prédios de fábricas assombrados pelos fantasmas das "medições de tempo e movimento" de Winslow Taylor, pelo espectro da linha de montagem de Henry Ford e pela visão aterradora da ideia de Le Corbusier, segundo a qual o lar seria uma "máquina de morar". Essa Razão presumia que a variedade e a divergência de intenções e preferências humanas eram apenas aborrecimentos temporários, que tendiam a ser afastados do caminho da tarefa da construção da ordem pela manipulação habilidosa de probabilidades comportamentais, por meio de um arranjo adequado de ambientes externos, tornando impotentes e irrelevantes todas as características resistentes a essa manipulação.

No final da década de 1930, num livro adequadamente intitulado *The Managerial Revolution*, James Burnham sugeriu que os gerentes, contratados pelos proprietários das máquinas com a instrução de treinar, disciplinar e supervisionar seus operadores a fim de extrair deles o máximo esforço, haviam tomado o verdadeiro poder de seus empregadores – proprietários ou acionistas. Os gerentes tinham sido contratados e pagos por seus serviços porque o gerenciamento cotidiano de trabalhadores desleixados, indispostos e desagradavelmente ressentidos, era uma tarefa embaraçosa e incômoda, um serviço que os proprietários das máquinas não tinham inclinação para executar e pelo qual estavam dispostos a pagar para se livrar.

Não admira que os proprietários usassem sua riqueza para comprar serviços que, esperavam eles, iriam livrá-los de um encargo desvalorizado e indesejado. Mas, como se ficou sabendo pouco depois, exatamente a função de "gerenciar" – obrigar ou induzir outras pessoas a fazer, dia após dia, algo que prefeririam não fazer, e, no final, transformar necessidades em traços de caráter – é que era o poder efetivo. Os gerentes contratados transformaram-se nos verdadeiros chefes. O poder estava agora nas mãos daqueles que administravam as ações de outras pessoas, não nas dos detentores dos "meios de produção". Os gerentes revelaram-se os genuínos donos do poder – uma guinada que Karl Marx, em sua visão de um iminente confronto entre capital e trabalho, não havia previsto.

O gerenciamento (transmitido em seu sentido original desde a época em que se concebeu um processo industrial rentável segundo o padrão de uma máquina homeostática posta a funcionar mediante movimentos repetitivos pré-planejados e mantida num curso constante, imutável) era de fato uma incumbência desagradável. Exigia uma regulamentação meticulosa e uma estrita supervisão "pan-óptica". Dependia da imposição de uma rotina monótona que tendia a imbecilizar os impulsos criativos *tanto* dos gerenciados *quanto* dos gerentes. Gerava o tédio e um ressentimento em permanente ebulição que ameaçavam se tornar o combustível de um conflito aberto.

Era também uma forma extremamente dispendiosa, ruinosa mesmo, de "conseguir que as coisas sejam feitas"; em vez de alistar os potenciais não arregimentados da mão de obra contratada a serviço do emprego, usava recursos preciosos para sufocá-los, reprimi-los e mantê-los longe da desordem. De modo geral, o gerenciamento cotidiano não era um tipo de tarefa que pessoas com recursos, pessoas no poder, tendessem a apreciar e valorizar; não a realizariam um instante a mais que o necessário; e, dados os recursos de poder à sua disposição, não era de se esperar que prolongassem muito esse instante. E não prolongaram.

A atual "Grande Transformação Parte 2" (para invocar a memorável expressão de Polanyi), a emergência de uma "economia da experiência" amplamente louvada e bem-vinda, que extrai seu combustível da *totalidade* dos recursos da personalidade, com todos os seus defeitos, assinala o momento de chegada da "emancipação dos gerentes do encargo de gerenciar". Usando os termos de James Burnham, poderíamos descrevê-la como a "Revolução Gerencial Parte 2"; embora, desta vez, tenha havido pouca ou nenhuma mudança na composição dos detentores de posições e poder.

O que aconteceu – está acontecendo – é mais um golpe de Estado que uma revolução; uma proclamação, vinda de cima, avisando que o velho jogo foi abandonado e novas regras foram implantadas. As pessoas que o estimularam e patrocinaram continuaram na direção e, ao contrário, estão estabelecidas em suas posições com mais segurança que antes. Essa revolução foi iniciada e conduzida em nome de *aumentar* seu poder; estreitar ainda mais seu controle e imunizar essa dominação contra o ressentimento e a rebelião que sua forma de exercê-la costumava gerar, antes da revolução. Depois da Revolução Gerencial Parte 2, o poder dos gerentes foi reforçado e tornou-se quase invulnerável – eliminando a maioria dos dispositivos restritivos e, de outras formas, inconvenientes a ele antes vinculados.

Na crista da onda de sua segunda revolução, os gerentes baniram a promoção da rotina e convidaram as forças da espontanei-

Sociologia: de onde e para onde? 213

dade a ocupar o lugar agora vago. Recusaram-se a gerenciar; em vez disso, agora exigem que os moradores, sob ameaça de despejo, se *gerenciem a si mesmos*. O direito de ampliar o arrendamento do posto tornou-se sujeito a uma competição recorrente; depois de cada etapa, os mais habilidosos e de melhor desempenho ganham um novo termo de arrendamento, embora sem a garantia, nem mesmo uma probabilidade maior, de saírem ilesos do próximo teste.

Nas paredes da suíte em que se oferece o banquete da "economia da experiência", a lembrança de que "você é tão bom quanto seu último sucesso" (mas não tanto quanto o penúltimo) substituiu a inscrição "*Mene, Tekel, Upharsin*" ("Contado, pesado, distribuído"). Favorecendo a subjetividade, a jocosidade e a performance, as organizações da era da "economia da experiência" precisavam e desejavam proibir, e de fato proibiram, o planejamento de longo prazo e a acumulação de méritos.

Acertaram dois coelhos com uma só cajadada. Primeiro, uma emancipação total ou pelo menos parcial, dos detentores de poder, dos aspectos desagradáveis e, portanto, detestados da posição gerencial. E uma abertura à exploração (direta ou indireta) de várias áreas do self ou da personalidade de seus empregados, até então deixadas de fora do acordo obtido pelos gerentes ao "comprar força de trabalho".

Pode-se confiar em empregados autogerenciados, "privatizados" ou "terceirizados" para obter recursos que os gerentes não podiam obter, empregar partes de seu self mantidas fora dos limites dos chefes nos contratos de trabalho tradicionais, e não contar as horas gastas a serviço dos objetivos da empresa empregadora. Também se pode confiar nesses empregados de novo tipo para controlar, tornar inofensivas e até lucrativas as partes de seu self que poderiam ser potencialmente contraproducentes ou turbulentas, ou pelo menos difíceis de controlar e desativar, caso fossem aceitas no local de trabalho comum sob a direção e a responsabilidade direta dos gerentes.

Meu tempo aqui mal é suficiente para esboçar até os contornos mais amplos das tendências apresentadas pela emergente "economia da experiência" e de um estilo gerencial que, nas palavras de Nigel Thrift, "transmite uma mensagem de volatilidade, fluidez e vida curta". Além disso, a história das organizações na era líquido-moderna ainda está para começar a ser vivenciada; escrever esse relato levará muito mais tempo. O que estou pronto a arriscar é somente uma pesquisa depressiva e vergonhosamente breve do impacto que a "Revolução Gerencial Parte 2" já produziu e provavelmente continuará a produzir sobre a condição e as expectativas daquela que é nossa vocação única, a vocação sociológica.

O primeiro impacto é o sentimento generalizado, ainda que ilusório, de que a sociologia perdeu acesso à arena pública, juntamente com a demanda por seus serviços. O sentimento é ilusório, sugiro eu, porque a "arena pública" é tacitamente identificada com sua antiga forma (institucionalizada, por exemplo, pelas burocracias militares do bem-estar social), e seus próprios "serviços" com o tipo de conhecimento que a sociologia foi treinada e se propôs a fornecer voluntariamente na época de suas tentações científicas. O sentimento também é ilusório por outra razão, ainda mais seminal: a "Revolução Gerencial Parte 2", apenas um aspecto da "Grande Transformação Parte 2", de fato atribui à sociologia um papel público de importância sem precedentes e nos oferece (embora de maneira inadvertida e não intencional) um eleitorado inédito em tamanho. Não houve, afirmaria eu, outro momento na história em que tantas pessoas tenham precisado tanto dos bens vitais que a sociologia pode oferecer.

Assim, o segundo impacto é a necessidade urgente (ainda que, até o momento, longe de ser registrada e reconhecida) de reorientar a autodefinição, o propósito ou a missão e a estratégia da sociologia. Por mais de meio século de sua história recente, procurando estar a serviço da razão gerencial, a sociologia lutou para se estabelecer como uma *ciência/tecnologia da falta de liberdade*; como uma oficina de planejamento para ambientes sociais destinados a resolver em teoria, porém, o que é mais importante, também na prática, o que Talcott Parsons memoravelmente articulou como "a questão hobbesiana": como induzir, forçar ou doutrinar seres humanos, abençoados ou amaldiçoados com o dom ambíguo do livre-arbítrio, a serem guiados normativamente e a seguirem por rotina cursos de ação manipuláveis, embora previsíveis? Ou, como conciliar o livre-arbítrio com uma disposição a se submeter à vontade de outras pessoas, elevando assim a tendência à "servidão voluntária", observada e antecipada por La Boètie no limiar da era moderna, no plano de princípio supremo da organização social? Em suma, como fazer as pessoas terem o *desejo* de fazer aquilo que *devem fazer*?

Em nossa sociedade, individualizada por decreto do destino, com o auxílio e o estímulo da Revolução Gerencial Parte 2, a sociologia tem a alegre e estimulante oportunidade de se transformar numa *ciência/tecnologia da liberdade*; uma ciência das formas e maneiras pelas quais os indivíduos, por direito e por decreto dos tempos líquido-modernos, possam ser elevados ao patamar de indivíduos de facto e por escolha. Ou, obedecendo à convocação às armas de Jeffrey Alexander: o futuro da sociologia, pelo menos seu futuro imediato, está no esforço de reencarnar e restabelecer-se como *política cultural a serviço da liberdade humana*.

Em consequência disso tudo, o tipo de sociologia que dominou a academia por muitas décadas, uma sociologia feita sob medida para as demandas e expectativas da razão gerencial de outrora, se viu no desemprego. Há poucos compradores, se é que há algum, para seus principais produtos. Daí a tristeza.

Respeitáveis sociólogos americanos queixam-se de terem perdido contato com a "esfera pública" e imaginam se esse vínculo pode ser restaurado. Mas sejamos claros quanto a isso: o que se dissolveu, abandonou o negócio da "engenharia humana" ou perdeu o interesse foi apenas determinado setor da "esfera pública". Os medos atuais são um resultado da superespecialização em gerir uma indústria que perdeu ou está perdendo rapidamente sua clientela. Contudo, essa foi só uma das maneiras possíveis de fazer sociologia – e não, permitam-me confessar, um tipo cuja morte eu pessoalmente me inclinasse a lamentar e prantear.

Já sugeri que a sociologia tem poucas alternativas senão seguir, agora como sempre, a trilha do mundo em mudança; a alternativa seria nada menos que uma perda da relevância. Mas eu também sugeriria que o dilema que hoje enfrentamos deveria ser tudo, menos motivo de desespero. Muito pelo contrário. Em nossa história curta, embora rica em crises e escolhas decisivas, nenhuma missão mais nobre, mais elevada e moralmente louvável jamais foi imposta à nossa disciplina com tanta força, ao mesmo tempo que se tornava realista – não em qualquer das outras épocas cuja compreensão, como Hegel sugeriu dois séculos atrás, é o principal destino e a vocação perene da humanidade.

Um dever e uma função seminais que, no curso da recente individualização líquido-moderna, foram atirados das alturas de uma "totalidade imaginada" no caldeirão da (tomando de empréstimo um termo de Anthony Giddens) "política de vida" individualmente conduzida têm sido, para todos os fins e propósitos práticos, a tarefa de validação da verdade e produção de significado. Isso, evidentemente, não significa que as verdades para validação individual e a matéria-prima a partir da qual os indivíduos moldam seus significados tenham deixado de ser *socialmente* fornecidas; mas significa, sim, que elas agora tendem a ser fornecidas pela mídia e pelas lojas, em lugar de se impor mediante uma ordem comunal; e que elas são calculadas para *seduzir clientes*, e não para *constranger subordinados*. A tarefa de fazer escolhas, juntamente com a responsabilidade por suas consequências, agora recai sobre os ombros dos indivíduos, e por eles deve ser conduzida.

Esse é um jogo de bola totalmente novo, como costumavam dizer os americanos. Tem suas promessas – não sendo a pior delas a oportunidade de mudar a moral de lugar, da conformidade a mandamentos éticos a uma responsabilidade incondicionalmente individual pelo bem-estar dos outros. Mas também está cheio de perigos. Coloca os indivíduos (e isso significa todos nós) num estado de indeterminação e incerteza agudas, e sem dúvida incuráveis. Como as visões memorizadas e as habilidades adquiridas, como guias da ação, são pobres e muitas vezes ilusórias e até traiçoeiras; e como o conhecimento disponível transcende a capacidade individual de assimilá-lo, enquanto a fração assimilada em geral fica aquém do que é exigido para uma compreensão da situação (ou seja, o conhecimento de como ir em frente) – a condição de fragilidade, transitoriedade e contingência se tornou, enquanto perdura, e talvez por um longo tempo pela frente, o hábitat natural dos seres humanos. E, assim, é com essa espécie de experiência humana que a sociologia precisa travar um diálogo permanente.

Eu diria que os papéis gêmeos que nós, sociólogos, somos chamados a desempenhar nesse diálogo são os da *desvulgarização do vulgar* e da *vulgarização* (controle, domesticação) *do invulgar*. Os dois papéis exigem destreza em abrir a um exame minucioso uma rede de vínculos, influências e dependências demasiado ampla para ser pesquisada em profundidade, minuciosamente esquadrinhada e plenamente compreendida com os recursos fornecidos pela experiência individual. Também exigem os tipos de habilidades captados da melhor forma na expressão do romancista inglês E.M. Forster, "É só conectar"; a destreza em reconectar e unir de novo as imagens fragmentadas e desconexas do *Lebenswelt* – o "mundo vivido", em nossa época, de episódio em episódio, e experimentado individualmente, sob risco individual e tendo em mente o benefício também individual.

Por fim, mas não menos importante, exigem a habilidade de desvelar a "doxa" (o conhecimento com que pensamos, mas não sobre o qual pensamos), puxando-a das profundezas sombrias do subconsciente, e assim habilitando e colocando em movimento um processo de perpétuo exame crítico, e talvez até de controle consciente sobre seus conteúdos, por aqueles até agora ignorantes do fato de que o possuem e inconscientemente o usam. Em outras palavras, exigem a arte do *diálogo*.

Com toda certeza, o diálogo é uma arte difícil. Significa entrar numa conversa com a intenção de esclarecer as questões em conjunto, em vez de impor sua própria maneira de vê-las; de multiplicar as vozes em vez de reduzir seu número; de ampliar o leque de possibilidades em vez de buscar um consenso no atacado (essa relíquia dos sonhos monoteístas despida da coerção politicamente incorreta); de buscar em conjunto a compreensão, em vez de ter como objetivo a derrota do outro; e, em geral, ser estimulado pelo desejo de fazer a conversa prosseguir, e não de interrompê-la em definitivo.

Dominar essa arte exige muito em matéria de tempo, embora bem menos do que praticá-la. Nenhum dos dois empreendimentos, nem tampouco o domínio e a prática em conjunto, promete tornar nossa vida mais fácil. Mas de fato eles prometem torná-la mais empolgante e compensadora para nós mesmos, assim como mais útil para os outros seres humanos – e transformar nossas árduas tarefas profissionais numa contínua e interminável viagem de descoberta.

Para não roubar mais de seu tempo – esse recurso dos mais preciosos, conhecido pelo fato de seu suprimento estar em proporção inversa à demanda –, termino aqui minha fala. Muito do que ficou fora dela deveria ter sido mencionado; estou certo de que nela vocês encontrarão muito mais perguntas que respostas. Mas aqui estão vocês. É assim que vai ser daqui para adiante, caso tomemos a decisão de embarcar na viagem cujo itinerário tentei, de maneira inepta, antecipar. O que resta a dizer, então, é *bon voyage*!

· Notas ·

Introdução *(p.7-16)*

1. Essa citação e as seguintes são de David Gonzalez, "From margins of society to center of the tragedy", *New York Times*, 2 set. 2005.
2. Ver, de minha autoria, *Wasted Lives*, Polity, 2004 [trad. bras. *Vidas desperdiçadas*, Rio de Janeiro, Zahar, 2005] .

1. Da ágora ao mercado *(p.17-38)*

(Agradeço a permissão de apresentar aqui material extraído de meu artigo "Ot agory k rynku – i kuda potom?", *Svobodnaya Mysl*, n.8, 2009).
1. Albert O. Hirschman, *Exit, Voice, and Loyalty: Respondes to Decline in Firms, Organizations, and States*, Harvard University Press, 1970.
2. T.H. Marshall, *Citizenship and Social Class and Other Essays*, Cambridge University Press, 1950.
3. Ver, entre outras obras de John Kenneth Galbraith, *Culture of Contentment*, Houghton Mifflin, 1992.
4. Oliver James, "Selfish capitalism is bad for our mental health", *Guardian*, 3 jan 2008.
5. Laurent Boneli, "L'antiterrorisme en France, un système liberticide", *Le Monde*, 11 set 2008.
6. Jacques Attali, *La voie humaine*, Fayard, 2004.
7. Joseph Stiglitz, "Trade imbalances", *Guardian*, 15 ago 2003.

2. Um réquiem para o comunismo *(p.39-54)*

(Agradeço a permissão de apresentar aqui material extraído de minhas contribuições a *Thesis Eleven*, n.3, 2009).
1. Daniel Bell, *The Cultural Contradictions of Capitalism*, Heinemann, 1976, p.4.

220 Danos colaterais

2. Leonidas Donskis, *Troubled Identity and the Modern World*, Palgrave, 2009, p.139.
3. Ver F. Feher, Agnes Heller e G. Markus, *Dictatorship over Needs*, Blackwell, 1983.
4. Ver Vladimir Voinovich, *Moscow 2042*, Harvest Books, 1987 (original russo publicado em 1986).
5. Ver Amelia Gentleman, "Indian election: challenge of narrowing shaming gulf between wealth and want", *Guardian*, 12 mai 2009.
6. Ver Larry Elliott e Polly Curtis, "Gap between rich and poor widest since 60's", *Guardian*, 8 mai 2009.

3. O destino da desigualdade social em tempos líquido-modernos *(p.55-70)*

1. Michel Crozier, *The Bureaucratic Phenomenon*, Tavistock, 1964.
2. Nigel Thrift, "The rise of soft capitalism", *Cultural Values*, abr 1997, p.52.
3. Ver Glenn Firebaugh, *The New Geography of Global Income Inequality*, Harvard University Press, 2003.

4. Os estranhos são perigosos... Será que são mesmo? *(p.71-94)*

1. Ver Ulrich Beck, *Risiko Gesellschaft. Auf dem Weg in einere andere Moderne*, Suhrkamp, 1986; aqui citado a partir da tradução para o inglês de Mark Ritter, *Risk Society*, Sage, 1992, p.137.
2. Cf. Nathaniel Herzberg e Cécile Prieur, "Lionel Jospin et le 'piège' sécuritaire", *Le Monde*, 5-6 mai 2002.
3. Apud Donald G. McNeil Jr., "Politicians pander to fear of crime", *New York Times*, 5-6 mai 2002.
4. Como observado pelo narrador in Jonathan Littell, *Les bienveillantes*, Gallimard, 2006, aqui citado a partir da tradução para o inglês de Charlotte Mandell, *The Kindly Ones*, Chatto & Windus, 2009, p.390.
5. Teresa Caldeira, "Fortified enclaves: the new urban segregation", *Public Culture*, v.8, n.2, 1996, p.303-28.
6. Nan Ellin, "Shelter from the storm, or form follows fear and vice versa", in Nan Ellin (org.), *Architecture of Fear*, Princeton Architectural Press, 1997, p.13, 26.
7. Steven Flusty, "Building paranoia", in Ellin, *Architecture of Fear*, p.48-52.
8. Richard Sennett, *The Uses of Disorder: Personal Identity and City Life*, Faber & Faber, 1996, p.39, 42.
9. Oscar Newman, *Defensible Space: People and Design in the Violent City*, Londres, Architectural Press, 1973.
10. Anna Minton, *Ground Control: Fear and Happiness in the Twenty-First-Century City*, Penguin, 2009, p.171.
11. Ver Jane Jacobs, *The Death and Life of Great American Cities*, Random House, 1961.

Notas   221

6. Privacidade, sigilo, intimidade, vínculos humanos –
e outras baixas colaterais da modernidade líquida *(p.109-22)*

(Agradeço a permissão de apresentar aqui material extraído do capítulo, de minha autoria, intitulado "Privacy, secrecy, intimacy, human bonds, utopia – and other collateral casualties of liquid modernity", in Harry Blatterer, Pauline Johnson e Maria R. Markus (orgs.), *Modern Privacy: Shifting Boundaries, New Forms*, Palgrave MacMillan, 2010.)

1. Ver Georg Simmel, "Zur Psychologie der Mode Soziologische Studie", in Simmel, *Gesamtausgabe*, Suhrkamp, 1992, v.5.

7. A sorte e a individualização dos remédios *(p.123-34)*

(Agradeço a permissão de apresentar aqui material extraído de "Sorte e individualizzazione dei rimedi", de minha autoria, in Michelina Borsari (org.), *Sulla Fortuna, Paginette del Festival Filosofia*, publicado pela organizadora, 2010.)

8. Procurando na Atenas moderna uma resposta
à antiga pergunta de Jerusalém *(p.135-64)*

(Agradeço a permissão de apresentar aqui material extraído de meu artigo "Seeking in modern Athens an answer to the ancient Jerusalem question", *Theory, Culture & Society*, v.26, n.1, 2010, p.71-91.)

1. Carl Schmitt, *Politische Theologie. Vier Kapitel zur Lehre Von der Souveränität*, Duncker & Humboldt, 1922, aqui citado a partir da tradução para o inglês de George Schwab, *Political Theology*, University of Chicago Press, 1985, p.36, 10, grifos nossos.

2. Ver Mikhail Bakhtin, *Rabelais and His World*, MIT Press, 1968 (original russo publicado em 1965). Também o competente resumo de Ken Hirschkop in "Fear and democracy: an essay on Bakhtin's theory of carnival", *Association*, n.1, 1997, p.209-34.

3. Carl Schmitt, *Theorie des Partisanen, Zwischenbemerkung zum Begriff des Politischen*, Duncker & Humboldt, 1963, p.80. Ver a discussão in Giorgio Agamben, *Homo Sacer: Sovereign Power and Bare Life*, Stanford University Press, 1998, p.137.

4. Schmitt, *Political Theology*, p.19-21, grifos nossos. Ver a discussão in Agamben, *Homo Sacer*, p.15s.

5. Agamben, *Homo Sacer*, p.18, grifos nossos.

6. Susan Neiman, *Evil in Modern Thought: An Anternative History of Philosophy*, Princeton University Press, 2002; Jean-Pierre Dupuy, *Petite métaphysique des tsunamis*, Seuil, 2005.

7. Jean-Jacques Rousseau, "Lettre à Monsieur de Voltaire", in *Oeuvres complètes*, Pléiade, 1959, v.4, p.1.062.

8. Neiman, *Evil in Modern Thought*, p.230, grifos nossos.

9. Ibid., p.240, 281.

10. Em outras palavras, o inevitável mal se abateu da mesma forma sobre inocentes e culpados.

11. Ernst-Wolfgang Böckenförde, *Recht, Staat, Freiheit*, Suhrkamp, 1991, p.112.

12. Ver Jan-Werner Müller, *A Dangerour Mind: Carl Schmitt in Post-War European Thought*, Yale University Press, 2003, p.4-5.

13. Schmitt, *Political Theology*, p.37.

14. Ibid., p.27.

15. Carl Schmitt, *The Concept of the Political*, trad. para o inglês por George Schwab (do original *Der Begriff des Politischen*), University of Chicago Press, 2007, p.26.

16. Ibid., p.27.

17. Ver Beck, *Risk Society*, p.137.

18. Ver *USA Today*, 11 jun 2002, esp. "Al-Qaeda operative tipped off plot", "US: dirty bombs plot foiled" e "Dirty bomb plot: 'The future is here, I'm afraid'".

19. Sidney Blumenthal, "Bush's war on professionals", Salon.com, 5 jan 2006; disponível em: www.salon.com/opinion/blumenthal/2006/01/05/spying/index. html?x.

20. Bob Herbert, "America the fearful", *New York Times*, 15 mai 2006, p.25.

21. Henry A. Giroux, "Beyond the biopolitics of disposability: rethinking neoliberalism in the new gilded age", *Social Identitie*, v.14, n.5, set 2008, p.587-620.

22. McNeil, "Politicians pander to fear of crime", op.cit.

23. Ver Walter Benjamin, "On the concept of History", in Howard Eiland e Michael W. Jennings (orgs.), *Selected Writings*, Harvard University Press, 2003, v.4.

24. Ver Giorgio Agamben, *Stato di eccezione*, Bollari Boringhieri, 2003; aqui citado a partir da tradução para o inglês de Kevin Attell, *State of Exception*, University of Chicago Press, 2005, p.2-4.

9. Uma história natural do mal *(p.165-90)*

1. Aqui citado a partir da tradução para o inglês de Frederick Davies, *The Gods Will Have Blood*, Penguin Classics, 1979.

2. Ver Milan Kundera, *The Curtain: An Essay in Seven Parts*, trad. para o inglês de Linda Asher, Faber & Faber, 2007, p.92, 123, 110.

3. Ver Emil Cioran, *Précis de decomposition*, Gallimard, 1949.

4. Friedrich Nietzsche, *The Antichrist*, trad. para o inglês de Antony M. Ludovici, Prometheus Books, 2000, p.4.

5. Friedrich Nietzsche , *Ecce Homo*, trad. para o inglês de R.J. Hollingdale, Penguin, 2003, p.204.

6. Friedrich Nietzsche, *Thus Spoke Zarathustra*, trad. para o inglês de R.J. Hollingdale, Penguin, 2003, p.204.

7. O subtítulo *The Lucifer Effect*, de Philip Zimbardo.

8. Littell, *The Kindly Ones*. O título original francês, *Les bienveillantes*, assim como o da tradução para o alemão, *Die Wohlgesinnten*, parece transmitir melhor a interpretação pretendida que o da tradução para o inglês. Um título como "The well-wishers", ou, melhor ainda, "The benevolent", seria bem mais fiel à intenção original.

9. Parafraseando Brecht: "Primeiro a bebedeira, a moral vem depois."

10. Ver Hannah Arendt, *The Origins of Totalitarianism*, Deutsch, 1986, p.338 [trad. bras., *Origens do totalitarismo*, São Paulo, Companhia das Letras, 1989].

11. Hannah Arendt, *Eichmann in Jerusalem: A Report on the Banality of Evil*, Viking, 1964, p.35 [trad. bras., *Eichmann em Jerusalém*, São Paulo, Companhia das Letras, 1999].

12. Littell, *The Kindly Ones*, p.569-70.

13. Ibid., p.565.

14. John Steiner, "The SS yesterday and today: a sociopsychological view", in Joel E. Dinsdale (org.), *Survivors, Victims and Perpetrators*, Hemisphere, 1980, p.431.

15. Ver Craig Haney, Curtis Banks e Philip Zimbardo, "Interpersonal dynamics in a simulated prison", *International Journal of Criminology and Penology*, 1973, p.69-97.

16. Para uma ampla discussão, ver Zygmunt Bauman, *Modernity and Holocaust*, Polity, 1989, cap.6 [trad. bras., *Modernidade e Holocausto*, Rio de Janeiro, Zahar, 1998].

17. Ver Christopher R. Browning, *Ordinary Men: Reserve Police Battalion 101 and the Final Solution in Poland*, Penguin, 2001.

18. W.G. Sebald, *On the Natural History of Destruction*, trad. para o inglês de Anthea Bell, Hamish Hamilton, 2003.

19. Ibid., p.65.

20. Ibid., p.18.

21. Max Hastings, *Bomber Command*, Pan Books, 1979, p.349.

22. Ver Günther Anders, *Wir Eichmannsöhne* (1964, 1988), aqui traduzido da edição francesa, *Nous, fils d'Eichmann*, Rivages, 2003, p.47.

23. Ver Herman Knell, *To Destroy a City: Strategic Bombing and Its Human Consequences in World War II*, Da Capo Press, 2003, esp. p.25 e 330-1.

24. Enzo Traverso, *La violence nazie. Une généalogie européenne*, La Fabrique, 2003.

25. Anders, op.cit., p.108.

26. In Joseph Roth, *Juden auf Wanderschaft*, aqui citado a partir da tradução para o inglês de Michael Hoffman, *The Wandering Jews*, Granta Books, 2001, p.125.

27. Ver Günther Anders, *Wenn ich verzweifelt bin, was geh't mich an?* (1977), aqui citado a partir da tradução francesa, *Et si je jesuis désespéré, que voulez-vous que j'y fasse?*, Éditions Allia, 2007, p.65-6.

28. Ver Günther Anders, *Der Mann auf der Brucke*, C.H. Beck, 1959, p.144.

29. Ver Günther Anders, *Le temps de la fin*, L'Herne, 2007 (ed. original 1960), p.52-3.

30. Ver Günther Anders, *Die Antiquiertheit des Menschen. Über die Seele im Zeitalter der zweiten industriellen Revolution*, C.H. Beck, 1956, aqui traduzido da edição francesa, *L'Obsolescence de l'homme. Sur l'âme à l'époque de la deuxième révolution industrielle*, Encyclopédie des Nuisances, 2002, p.37-40.

31. Ver Anders, *Et si je suis désespéré*, p.67-8.

32. Ver Anders, *Wenn ich verzweifelt bin*, p.100.

33. Ibid., p.92.

10. Wir arme Leut' *(p.191-202)*

(Capítulo publicado pela primeira vez como um ensaio no libreto que acompanhou a produção, em 2008-9, pela Ópera do Estado Bávaro, da ópera *Wozzeck*, de Alban Berg.)

1. Polly Toynbee e David Walker, "Meet the rich", *Guardian*, 4 ago 2008.
2. Ver Dennis Smith, *Globalization: The Hidden Agenda*, Polity, 2006, p.38.
3. Ibid., p.37.

11. Sociologia: de onde e para onde? *(p.203-18)*

(Capítulo baseado em comunicação preparada para ser apresentada na entrega do Prêmio Contribuição Relevante à Teoria Sociológica da International Studies Association, realizada durante o XVII Congresso Internacional de Sociologia da ISA, Gotemburgo, julho de 2010.)

· Índice remissivo ·

A

Adorno, Theodor, 171
Agamben, Giorgio, 144, 157, 163
ágora, 17-9, 23, 26, 113,
Alexander, Jeffrey, 215
Anders, Günther, 170, 182, 185-90
Arendt, Hannah, 154, 172, 174-5
Aristóteles, 20, 36, 194
Attali, Jacques, 34
autoestradas da informação, 27,
    105, 118

B

Bachelard, Gaston, 207
Bacon, Francis, 210
Bakhtin, Mikhail, 139-40, 142
Balka, Miroslaw, 92-3
Beck, Ulrich, 64, 72, 131, 158
Bell, Daniel, 41
Benjamin, Walter, 163
Bentham, Jeremy, 210
Beveridge, lorde, 21
Blake, William, 57
Böckenförde, Ernst-Wolfgang, 150
Boétie, Etienne la, 215
Bonelli, Laurent, 29
Borges, Jorge Luis, 128-9, 132
Brecht, Bertold, 172, 195
Browning, Christopher, 178

Büchner, Georg, 192, 202
Burnham, James, 61-2, 211-2
Butts, Calvin, 13

C

Caldeira, Teresa, 82-3
Carlyle, Thomas, 32
Castells, Manuel, 67, 131
Cioran, Emil, 166
Comte, Auguste, 204
Crozier, Michel, 55-9, 67

D

danos colaterais, 12, 15-6, 37-8, 140
decisionismo, 151-4, 164-5
democracia, 17-21, 28-9, 31, 33, 36,
    162
desigualdade, 9-10, 12, 15-6, 23, 31,
    37, 52-3, 57, 60-1, 65-7, 69
destino, 8, 15, 22, 24, 33, 44, 49, 66,
    74, 80, 82, 118, 123, 126-7, 132,
    137, 150-2, 156, 166, 170, 176,
    181, 186, 192, 195-8, 202, 215-6
direitos, 10, 12, 18, 21-5, 29, 30, 112,
    115, 157, 161, 193-4, 199
Donskis, Leonidas, 41
Drucker, Peter, 73, 159
Dunn, John, 25
Dupuy, Jean-Pierre, 146
Durkheim, Émile, 204, 208-9

226 Danos colaterais

E
Ehrenberg, Alain, 109
Ellin, Nan, 84
Engels, Friedrich, 40, 47
Espada, Martin, 13-4
Estado (de bem-estar) social, 21-5, 28, 37-8, 60, 70-2, 158-9
Estado-nação, 31, 33-7, 130-2
exclusão, 25, 28-9, 71, 161-2, 193-4, 198-200

F
Firebaugh, Glenn, 67-9
Flusty, Steven, 84-5
Forster, E.M., 217
France, Anatole, 165-6

G
Gadamer, Hans-Georg, 94, 207
Galbraith, John Kenneth, 23
Giddens, Anthony, 131, 216
Giroux, Henry A., 161-2
globalização, 11, 31, 33, 37-8, 202
Gonzalez, David, 13

H
Habermas, Jürgen, 51-2
Hastings, Max, 181
Heidegger, Martin, 186
Heller, Agnes, 51
Herbert, Bob, 161
Hirschman, Albert, 20
humilhação, 22, 25, 29, 31, 52, 71, 94, 132, 189, 193, 196, 198-201
Husserl, Edmund, 146

I
incerteza, 28, 49, 57-8, 60-1, 64-6, 68, 71-5, 81, 84, 102, 124-6, 129, 132, 139-40, 142, 146, 149, 157-9, 198, 201, 216

J
Jacobs, Jane, 91-2

K
Kant, Immanuel, 150, 167-9
Kluge, Alexander, 180

Knell, Hermann, 183-4
Kolakowski, Leszek, 137
Kracauer, Siegfried, 171
Kundera, Milan, 165

L
Lazarsfeld, Paul, 208-9
Lênin, Vladímir, 41-2, 46-8
Levinas, Emmanuel, 79, 96-8
liberdade, 19-23, 29-33, 45, 48, 58-9, 68, 71, 121, 158, 166, 214-5
Littell, Jonathan, 80, 171-2, 175-6
Luxemburgo, Rosa, 48

M
Marshall, T.H., 23-4
Marx, Karl, 40, 47, 60-3, 187, 211
McNeil Jr., Donald G., 162-3
medo cósmico, 133-42
Milanovic, Branko, 66-7
Milgram, Stanley, 177-8
Minton, Anna, 90-1
modernidade, 36, 39-43, 45, 49-52, 113, 125-6, 132, 134, 146-8, 180
monoteísmo, 137, 152, 205-6
moralização do egoísmo, 101-4

N
Neiman, Susan, 146-7
Neurath, Otto, 209
Newman, Oscar, 91
Niemöller, Martin, 30
Nietzsche, Friedrich, 169-70

O
Oliver, James, 27
Orwell, George, 113

P
Parsons, Talcott, 214-5
pobreza, 10-1, 14, 22, 31-2, 34, 37, 52, 193,197
poder, 168-70
Polanyi, Karl, 62, 212
populismo, 28-9
probabilidade, 133-4
Prometeu, complexo de, 189

R

revolução gerencial, 62-7, 212-5
risco, 133-4
Roosevelt, F.D., 21, 28
Roth, Joseph, 186
Rousseau, Jean-Jacques, 146-7
Rowntree, Seebohm, 21-2

S

Schmitt, Carl, 135, 138-9, 143, 150-4, 156-7, 163
Sebald, W.G., 180-2
segurança, obsessão com, 23-5, 28-31, 36-8, 71-3, 158-9
Sêneca, 133
Sennett, Richard, 86
sigilo, 114-7
Simmel, Georg, 114-5, 187, 210
Skinner, B.F., 208-9
Small, Albion, 203
Smith, Dennis, 199-200
socialismo, 44-8
sociedade confessional, 110
solidariedade, 22-3, 25-6, 35, 96, 99-100, 121-2, 169, 186
Solzhenitsyn, Alexander, 154
Speier, Hans, 171
Stálin, Joseph, 154-7, 163, 166-7

Staub, Ervin, 177
Steiner, George, 132
Steiner, John M., 176-7
Stiglitz, Joseph, 34-5
substitutos morais, 99-102
sustentabilidade, 105-7
Szasz, Thomas, 117

T

Thrift, Nigel, 63, 214
totalitarismo, 113, 161, 165, 170
Traverso, Enzo, 184-5

U

Ustinov, Peter, 112, 115

V

Voinovich, Vladimir, 51
Voltaire, 146, 148

W

Weber, Max, 32, 55-6, 148, 204, 208-10
Wittgenstein, Ludwig, 155, 192-3, 196

Z

Zimbardo, Philip, 172-3, 177-8

ESTA OBRA FOI COMPOSTA POR MARI TABOADA EM AEVENIR E MINION PRO
E IMPRESSA EM OFSETE PELA LIS GRÁFICA SOBRE PAPEL PÓLEN NATURAL
DA SUZANO S.A. PARA A EDITORA SCHWARCZ EM JULHO DE 2022

A marca FSC® é a garantia de que a madeira utilizada na fabricação do papel deste livro provém de florestas que foram gerenciadas de maneira ambientalmente correta, socialmente justa e economicamente viável, além de outras fontes de origem controlada.